DEN HUND BEHANDELN: SCHRITT FÜR SCHRITT

1. Schritt

Vorbereitung auf den Krankheitsfall
➤ Lesen Sie in ruhigen Stunden immer wieder einmal das erste Kapitel durch.
➤ Richten Sie die Tierapotheke ein (Seite 32), und achten Sie auf Verfallsdaten.
➤ Legen Sie wichtige Telefonnummern (Tierarzt, Tierheim, Tierambulanz, Polizei) und dieses Buch für den Notfall der Tierapotheke bei.
➤ Üben Sie immer wieder die beschriebenen Untersuchungs- (Seite 13, 36), Verbands- (Seite 42), Behandlungs- (Seite 40) und Sicherungsmaßnahmen (Seite 38) mit Ihrem Hund, damit sie ihm im Ernstfall nicht fremd sind.

2. Schritt

Einschätzung der Schwere der Erkrankung, wo finde ich was?
➤ Machen Sie sich ein Bild vom Ausmaß und der Schwere der Verletzung oder Krankheit.
➤ Wie Sie Ihren Hund untersuchen, finden Sie ab Seite 36.
➤ Die Krankheiten sind nach Bereichen am Hund gegliedert, die Sie ganz schnell aus dem Inhaltsverzeichnis Seite 3 ersehen können.
➤ Auf der jeweiligen Einführungsseite finden Sie ein Verzeichnis der beschriebenen Krankheitsbilder.
➤ Bei der Diagnose helfen Ihnen die Schnelldiagnosetafeln (Seite 4 bis 7).
➤ Bei eindeutigen Beschwerden führt Sie das Sach- und Beschwerdenregister (Seite 120) direkt zur richtigen Seite.

3. Schritt

Maßnahmen ergreifen
➤ In schweren Fällen müssen Sie zum Tierarzt gehen oder den Tierarzt benachrichtigen.
➤ Bei einem Unfall sichern Sie das Tier gemäß Seite 38.
➤ Verbände legen Sie mit dem Material Ihrer Tierapotheke oder Ersatzstoffen gemäß Seite 32 an.
➤ Maßnahmen für den konkreten Fall finden Sie bei den Beschreibungen der Krankheitsbilder ab Seite 47.

Viel Erfolg
Anne Warrlich

So bleibt mein Hund gesund

➤ Maßnahmen für die häufigsten Krankheiten

AUTORIN: DR. MED. VET. ANNE WARRLICH
FOTOS BEKANNTER HUNDEFOTOGRAFEN
ZEICHNUNGEN: GYÖRGY JANKOVICS

Inhalt

➤ **SCHNELLDIAGNOSE** 4

➤ **DEN HUND GESUND
ERHALTEN** 8

Wann ist ein Hund gesund? 10
Schmerzen 11
Hormonelle Störungen 11
*Auf Erfahrung beruhende
Verhaltensänderungen* 12
*Rassebedingte Verhaltens-
auffälligkeiten* 12
Untersuchung zu Hause 13
Fortpflanzung 14
Läufigkeit 14
Paarung 14
Trächtigkeit 14
Geburt 15
Kastration/Sterilisation 16
Vorbeugende Pflegemaßnahmen 18
Bürsten, Baden 18
Krallen kürzen 18
Zähne putzen 18
Ohrenpflege 19
Wann zum Tierarzt? 20
Entwurmung 20
Parasitenprophylaxe 21

Was Hunden gut tut 22
Rangordnung 22
Bewegung 23
Spielen 23
Gesunde Ernährung 24
Was füttere ich? 25
Wie oft füttern? 25

➤ **UNTERSUCHEN UND
BEHANDELN** 26

Den Hund heilen 28
Tierapotheke 32
Nützliches Hundezubehör 34
Hunde selbst untersuchen 36
Allgemeinuntersuchung 36
Gewicht 36
Körpertemperatur 37
Die Mundhöhle 37
Atemfrequenz 37
Puls 37
Umgang mit dem kranken Hund 38
Schnauze zubinden 38
Tragen eines verletzten Hundes 39
Vor und nach Operationen 39
Medikamente eingeben 40
Verbände 42
Druckverband 42
Schienenverband 42
Pfotenverband 42
Ohrenverband 43

➤ HUNDEKRANKHEITEN 44

... den ganzen Hund betreffend 46

Allergien 47
Hauterkrankungen 47
Blutkrankheiten 53
Drüsenerkrankungen 54
Einzellige Parasiten 57
Epilepsie 59
Vergiftungen 60
Infektionskrankheiten 61
Wurmerkrankungen 66
Notfälle 68

... im Kopfbereich 70

Augenerkrankungen 71
Erkrankungen der Mundhöhle 74
Speicheldrüsenzysten 76
Atemwegserkrankungen 77
Ohrenerkrankungen 78

... im Rumpfbereich 80

Erkrankungen des Bauchraums 81
After- und Darmerkrankungen 83
Lebererkrankungen 86
Eingeweidebrüche 87
Magenerkrankungen 87
Milzerkrankungen 89
Erkrankungen des Harntrakts 90
Erkrankungen der Atemwege 93
Verletzungen der Brusthöhle 96
Herzerkrankungen 97

... der Geschlechtsorgane 98

Erkrankungen der weiblichen Geschlechtsorgane 99
Störungen während der Läufigkeit 101
Scheinträchtigkeit 102
Probleme während der Trächtigkeit und der Geburt 103
Probleme nach der Geburt 104
Erkrankungen der männlichen Geschlechtsorgane 104

... des Bewegungsapparates 108

Arthritis/Arthrose 109
Bandscheibenvorfall 110
Gelenkverletzungen 111
Knochenbrüche 111
Knieprobleme 112
Knochentumoren 113
Rheuma 113
Wachstumsstörungen 114
Wirbelsäulenverknöcherung 115

Organ- und Skelettsystem 116

➤ ZUM NACHSCHLAGEN 120

Sach- und Beschwerdenregister 120
Glossar 124
Adressen, Literatur 125
Impressum 128

Schnelldiagnose

Beschwerdenbereich	Hauptsymptom	Nebensymptom	Diagnosen
Wasserhaushalt (bis 50 ml Wasseraufnahme pro Kilogramm Körpergewicht und pro Tag sind normal)	trinkt viel	pinkelt viel	Zuckerkrankheit, Seite 81 Cushing-Syndrom, Seite 54 Blasenentzündung, Seite 90 Gebärmutterentzündung, Seite 99 Nierenversagen, Seite 92
	trinkt wenig	pinkelt normal	Ernährung, Seite 24
		pinkelt wenig, erbricht zusätzlich	Nierenversagen, Seite 92
	pinkelt viel	setzt kleine Mengen Urin ab	Blasenentzündung, Seite 90 Blasensteine, Seite 90 Nierenversagen, Seite 92 Gebärmutterentzündung, Seite 99
		trinkt viel	Zuckerkrankheit, Seite 81 Cushing-Syndrom, Seite 54 Diabetes insipidus, Seite 55 Nierenleiden, Seite 92
	versucht ohne Erfolg zu pinkeln	mit Erbrechen	Nierenversagen, Seite 92 Harnwegsteine, Seite 90
	Harnträufeln	Hündin	Kastration, Seite 16
		Rüde	Vorhautentzündung, Seite 107 Prostatabeschwerden, Seite 106
Futteraufnahme (bei Futterverweigerung, die länger als 2 Tage andauert, den Tierarzt aufsuchen!)	frisst nicht	Apathie, Fieber	Infektionskrankheiten, Seite 61–66 Lebererkrankung, Seite 86 Nierenerkrankung, Seite 92 Prostataabszess, Seite 106 Gebärmutterentzündung, Seite 99
		Erbrechen, kein Kotabsatz	Magenschleimhautentzündung, Seite 87 Fremdkörper im Darm, Seite 85 Darmverdrehung, Seite 85
	frisst viel	nimmt dabei ab	Würmer, Seite 66–67 Zuckerkrankheit, Seite 81 Unterfunktion der Bauchspeicheldrüse, Seite 82
		ist träge, nimmt zu	Ernährung, Seite 24 Schilddrüsenfunktionsstörung, Seite 56 Cushing-Syndrom, Seite 54

Schnelldiagnose

Beschwerdebereich	Hauptsymptom	Nebensymptom	Diagnosen
Futteraufnahme (bei Futterverweigerung, die länger als 2 Tage andauert, den Tierarzt aufsuchen!)	Erbrechen	mit Durchfall	Vergiftung, Seite 60 Magen-Darm-Infektion, Seite 84, 87 Parvovirose, Seite 63 Leberererkrankung, Seite 86
		ohne Kotabsatz	Verstopfung, Seite 85 Fremdkörper im Darm, Seite 85 Magenschleimhautentzündung, Seite 87 Bauchfellentzündung, Seite 81
		normaler Stuhlgang	Vergiftung, Seite 60 Magenschleimhautentzündung, Seite 87 Nierenleiden, Seite 92
Kotabsatz	Durchfall	mit Erbrechen	Durchfall, Seite 84
		ohne Erbrechen mit Abmagerung	Darminfektion, Seite 84 Würmer, Seite 66–67 Unterfunktion der Bauchspeicheldrüse, Seite 82
	fehlender Kotabsatz	drückt ohne Erfolg auf Kot	Verstopfung, Seite 85 Eingeweidebrüche, Seite 87 Prostatavergrößerung, Seite 106
		fährt Schlitten	Analdrüsenprobleme, Seite 83
Atemwege	Husten	mit Würgen und Erbrechen	Entzündung von Rachen und Luftröhre, Seite 77
		Fieber, Apathie, frisst nicht	Bronchitis, Seite 93 Lungenentzündung, Seite 94 Zwingerhusten, Seite 66
		nächtliche Unruhe Husten bei Aufregung, Freude	Herzprobleme, Seite 97
	Niesen Nasenausfluss	wässriger Nasenausfluss	Nasenschleimhautentzündung, Seite 77
		trüber Nasenausfluss, Apathie, Fieber	Bronchitis, Seite 93 Lungenentzündung, Seite 94 Staupe, Seite 64 Zwingerhusten, Seite 66

Schnelldiagnose

Beschwerdenbereich	Hauptsymptom	Nebensymptom	Diagnosen
Atemwege	Niesen Nasenausfluss	einseitiger Nasenaus- fluss, blutig oder trüb	Fremdkörper in der Nase, Seite 77 Tumor in der Nase, Seite 77
Kopf	Augenreiben	Lider verklebt	Bindehautentzündung, Seite 71
		Augenausfluss	Bindehautentzündung, Seite 71 Erkrankungen der Augenlider, Seite 72 Hornhautentzündung, Seite 73
	sieht schlecht	bei älteren Tieren	Grauer Star, Seite 72
		bei jüngeren Tieren	Grüner Star, Seite 73
	Kopfschütteln	Ohren riechen streng Ausfluss aus den Ohren	Gehörgangsentzündung, Seite 78
		dicker Ohrlappen	Blutohr, Seite 78
	hält den Kopf schief	schwankender Gang	Vergiftung, Seite 60 Gehörgangsentzündung, Seite 78 Geriatrisches Vestibularsyndrom, Seite 79
		mit Fieber, Apathie	Mittelohrentzündung, Seite 79
	hört schlecht		Taubheit, Seite 79
		Ohren riechen streng Ausfluss aus den Ohren	Gehörgangsentzündung, Seite 78
	sabbert, würgt	reibt mit Pfoten an Schnauze	Fremdkörper in der Mundhöhle, Seite 74
		stinkt aus dem Maul	Zahnprobleme, Seite 74 Zahnfleischentzündung, Seite 75
		mit Schluckstörungen	Speicheldrüsenzysten, Seite 76 Luftröhrenentzündung, Seite 77 Bronchitis, Seite 93 Vergiftung, Seite 60
Juckreiz und Belecken	Ohren		Gehörgangsentzündung, Seite 78

Schnelldiagnose

Beschwerdebereich	Hauptsymptom	Nebensymptom	Diagnosen
Juckreiz und Belecken	Pfoten	▶	Verletzungen, Seite 68 Bakterielle Hauterkrankungen, Seite 47
	ganzer Körper	▶	Allergie, Seite 47 Bakterielle Hauterkrankungen, Seite 47 Parasiten, Seite 50–52
	Vorhaut	▶	Vorhautentzündung, Seite 107
	Vagina	▶	Scheidenentzündung, Seite 101 Gebärmutterentzündung, Seite 99
Lahmheiten	einzelne Gliedmaßen	▶	Gelenkverletzung, Seite 111 Arthrose, Seite 109 Knochenbruch, Seite 111 Wachstumsstörung, Seite 114
	mit Fieber und Mattigkeit	▶	Infektionskrankheiten, Seite 61–66 Rheuma, Seite 113
	Rücken schmerzhaft	▶	Bandscheibenprobleme, Seite 110 Wirbelsäulenverknöcherung, Seite 115
Blutungen	einzelne Körperteile	▶	Schnittverletzung, Seite 68 Bisse, Seite 68 Stiche, Seite 68 Risse, Seite 68
	Zahnfleisch	▶	Zahnfleischentzündung, Seite 75 Zahnfleischtumoren, Seite 76 Vergiftung, Seite 60 Fremdkörper im Maul, Seite 74
	Urin	▶	Blasenentzündung/Blasensteine, Seite 90 Vergiftung, Seite 60 Infektionskrankheiten, Seite 61–66
	Kot	▶	Parvovirose, Seite 63 Magen-Darm-Entzündung, Seite 84, 87 Vergiftung, Seite 60
	aus der Scheide	▶	Läufigkeit, Seite 14, 101 Gebärmutterprobleme, Seite 99

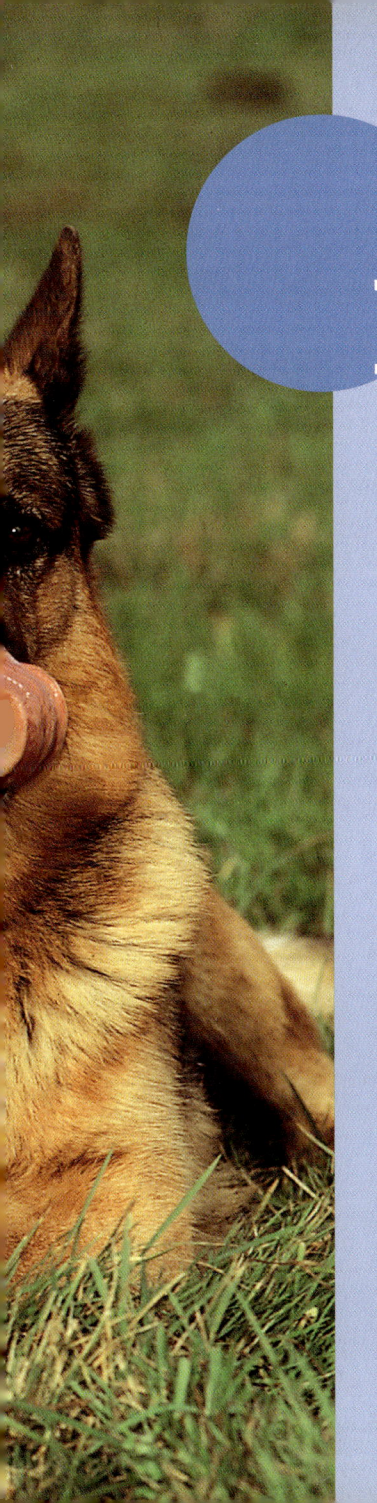

Den Hund gesund erhalten

➤ **Wann ist ein Hund gesund?**   10

➤ **Fortpflanzung**   14

➤ **Vorbeugende Pflege-maßnahmen**   18

➤ **Wann zum Tierarzt?**   20

➤ **Was Hunden gut tut**   22

➤ **Gesunde Ernährung**   24

Wann ist ein Hund gesund?

Neben den messbaren Werten wie Temperatur, Puls oder Atmung (Normalwerte) gibt uns der so genannte Allgemeinzustand Aufschluss über die Gesundheit des Hundes. Lebhafte, glänzende Augen, ein glatt anliegendes glänzendes Fell, guter Appetit und eine geregelte Verdauung gehören ebenso dazu wie das Verhalten Ihres Hausgenossen. Immer wenn Hunde von gewohnten Verhaltensweisen abweichen, kann dies auf Schmerzen oder eine Krankheit hinweisen. Zudem braucht Ihr Hund neben einer ausgewogenen, bedarfsgerechten Fütterung und angemessenen Körperpflege regelmäßigen Auslauf und Zuwendung. Selbst der gesündeste Hund wird krank, wenn er nicht genügend Aufmerksamkeit bekommt und von seinem Rudel ausgeschlossen wird. Da Hunde durch Körpersprache, Mimik und Gestik mit uns kommunizieren, ist es besonders wichtig, auf Verhaltensänderungen des Hausgenossen richtig zu reagieren. Hunde sind wie ihre Besitzer Individuen, und was für den einen normal ist, kann für den anderen schon eine ernste Erkrankung bedeuten. Als verantwortungsvoller Hundebesitzer können Sie am Besten beurteilen, ob Ihr Hund einen kranken Ein-

druck macht und der Gang zum Tierarzt ratsam ist. Deshalb sollten Sie auf Verhaltensänderungen reagieren und diese beim Tierarzt auch zur Sprache bringen. Sie als Rudelchef tragen zum Wohlbefinden Ihres Vierbeiners bei.

Checkliste

Normalwerte

➤ **Körpertemperatur:** 37,0–39,0° C

➤ **Puls:** 70–120

➤ **Atmung:** 15–40 Atemzüge pro Minute

➤ **Schleimhäute:** rosarot, feucht

Hinweis: Wie Sie die genannten Werte bei Ihrem Hund ermitteln, erfahren Sie auf Seite 36.

Am freudigen Spiel erkennt man den gesunden Hund.

Schmerzen

Hunde äußern Schmerzen häufig anders, als wir es erwarten. Bei Schmerzen in den Gliedmaßen humpeln sie oder lassen sich an der betroffenen Körperregion nicht gern anfassen. Sie sitzen aber nicht in der Ecke und jaulen oder jammern leise vor sich hin. Hunde äußern Schmerzen außer durch typische Symptome wie Lahmheit, Schwellung und Berührungsempfindlichkeit aber auch häufig durch Verhaltensänderungen.

➤ Besonders verschmuste Hunde sondern sich plötzlich ab, ziehen sich in ihren Korb, in eine Ecke oder gar unters Bett zurück und reagieren nicht auf Ansprache.

➤ Sonst eher liebenswerte Hunde werden plötzlich aggressiv, wollen keinen Kontakt mehr zum Rudel haben und knurren, wenn man sie streicheln will.

Spielen mit ihren »Rudelmitgliedern« macht Hunde glücklich.

➤ Eher einzelgängerische Hunde suchen bei Schmerzzuständen die Nähe ihrer Besitzer, wollen gestreichelt werden, heischen Zuneigung und können richtig aufdringlich werden.

Hormonelle Störungen

Nicht jede Verhaltensänderung muss durch Schmerzen verursacht sein. Eine scheinträchtige Hündin (Seite 102) zeigt ebenso veränderte Verhaltensmuster wie ein Rüde, der durch

Kennzeichnung von Hunden

Tätowierung eines Zahlencodes mittels einer Tätowierzange oder eines Tätowierstiftes, der auf dem Stammbaum eingetragen oder dem Tierbesitzer mitgeteilt wird.

➤ *Vorteil: Die Tätowiernummer erkennt man sofort.*

➤ *Nachteil: Die Nummern können allmählich unleserlich werden. Das Tätowieren ist schmerzhaft.*

Mikrochip, der unter die Haut gespritzt wird.

➤ *Vorteil: Fälschungssicherheit, schmerzfreie Applikation.*

➤ *Nachteil: In seltenen Fällen wandert der Chip oder entzündet sich, so dass er operativ entfernt werden muss.*

Registrierung in einem Haustierregister ist empfehlenswert, um den Hund im Verlustfall wieder zu finden. Man meldet entweder den tätowierten Zahlencode oder die Mikrochipnummer.

Pheromone (Geschlechtsgeruchsstoffe, Seite 125) einer läufigen Hündin irritiert ist.

Da Hunde in wesentlich höherem Maß als der Mensch über Geruch und Geruchsstoffe miteinander kommunizieren und die Fortpflanzung ursprünglich dem Arterhalt diente, können unkastrierte Hunde beiderlei Geschlechts vor allem im Frühjahr und Herbst Verhaltensänderungen zeigen, die unmittelbar mit der Paarungszeit zusammenhängen.

Das kann bei Arbeitshunden etwa im Polizeieinsatz so weit gehen, dass die Tiere nicht richtig arbeiten und für eine gewisse Zeit krankgeschrieben werden müssen, bis sich der Hormonhaushalt wieder beruhigt hat.

Auf Erfahrung beruhende Verhaltensänderungen

Im Lauf seines Lebens macht jeder Hund positive wie negative Erfahrungen und wird somit konditioniert (Seite 124). Das fängt bereits in der Prägungsphase im frühesten Welpenalter an und setzt sich das ganze Hundeleben über fort. So wird aus dem zutraulichsten, freundlichsten Hund ein misstrauischer Einzelgänger, wenn er bereits in der Prägungsphase schlechte Erfahrungen mit Menschen gemacht hat.

Es kann sich aber auch auf einzelne Menschen beziehen. So ist der Tierarztbesuch in der Regel nicht das Highlight im Hundeleben, denn dort passieren Dinge, die dem Hund unangenehm sind und manchmal sogar mit Schmerzen verbunden sind.

Rassebedingte Verhaltensauffälligkeiten

Je nach Verwendungszweck, der vom Menschen für einen Hund vorgesehen war, zeigen die einzelnen Hunderassen verschiedene Verhaltensauffälligkeiten oder auch Charaktermerkmale. Es ist wichtig, bereits bei der Anschaffung eines Hundes darauf zu achten, ob er charakterlich zu seiner späteren Familie passt.

Leider lassen sich Neuhundebesitzer fast ausschließlich vom Äußeren leiten. So ist ein Dackel zwar ein kleiner handlicher Hund, der durchaus auch in einer kleinen Wohnung Platz hat. Da Dackel aber ursprünglich als Jagd-

Meidet ein sonst schwimmbegeisterter Hund das Wasser, ist das stets ein Alarmzeichen.

gebrauchshunde gezüchtet wurden, besitzen sie einen ausgeprägten Jagdtrieb, der ganz schön unangenehm werden kann, wenn der Dackel im Freien permanent Kaninchen oder Hasen jagt.

Viele Erziehungs- und Verhaltensprobleme, mit denen Hundebesitzer zu kämpfen haben, beruhen auf der Tatsache, dass ein Hund wegen seines Äußeren angeschafft wurde, aber bei der Auswahl nicht bedacht wurde, welche Charaktereigenschaften beziehungsweise welche Verhaltensweisen der Vierbeiner an den Tag legt.

Untersuchung zu Hause

Anhand der Checkliste auf dieser Seite können Sie Ihren Hund zu Hause untersuchen. Fallen Ihnen Veränderungen an Ihrem Hund auf, die nicht in der Checkliste aufgeführt sind, notieren Sie diese. Die Behandlung des Tierarztes ist immer nur so gut wie Ihr Vorbericht, das heißt, er ist angewiesen auf die Informationen, die Sie ihm geben können.

Wenn Ihnen beim Durchgehen der Checkliste Veränderungen auffallen, informieren Sie Ihren Tierarzt. Manchmal reicht zum Abklären von Fragen schon ein Telefonat. Viele Tierarztpraxen haben Telefonsprechstunden zu festgelegten Zeiten eingerichtet, in denen Sie sich vorab mit dem Tierarzt unterhalten können.

Checkliste

Der gesunde Hund

➤ Ist der Appetit normal?
➤ Erbricht der Hund öfters und hat er öfters Durchfall?
➤ Ist der Durst normal (etwa 1 l pro Tag bei einem 20-kg-Hund ist normal)?
➤ Sind Kot- und Harnabsatz normal?
➤ Bewegt sich der Hund freudig und ohne Lahmheit?
➤ Steigt er Treppen wie gewohnt?
➤ Springt er ins Auto und wieder heraus wie immer?
➤ Ist das Fell dicht und glänzend ohne Auflagerungen auf der Haut und ohne Juckreiz?
➤ Hat der Hund Ausfluss aus Körperöffnungen, wie Augen, Nase, Mund, Ohren, After, Vorhaut/Scheide?
➤ Sind die Schleimhäute in Ordnung?
➤ Sind die Augen und Augenlider trüb oder verklebt?
➤ Stinkt er aus dem Mund?
➤ Sind seine Zähne sauber und porzellanfarben?
➤ Ist die Körpertemperatur normal?
➤ Ist die Atmung ruhig und regelmäßig?
➤ Ist der Puls normal?
➤ Riecht der Hund normal?
➤ Ermüdet der Hund schneller als früher?
➤ Schläft er nachts durch oder ist er unruhig?
➤ Hustet er öfters oder leidet er bei heißem Wetter unter Atemnot?

Fortpflanzung

Läufigkeit

Hündinnen werden im Alter von 6 bis 9 Monaten geschlechtsreif. In der Regel wird eine Hündin zweimal pro Jahr läufig. Auch Intervalle von 4 bis 9 Monaten zwischen den einzelnen Läufigkeiten sind normal.
Eine Läufigkeit dauert zwischen 2 und 3 Wochen. In den ersten 1 bis 2 Wochen der Läufigkeit blutet die Hündin aus der Scheide. Die Scheide schwillt an, und die Hündin leckt sich häufig.
Die Blutung lässt nach ungefähr 12 Tagen nach, und das Blut wird dünner. Dann ist die Hündin deckbereit. Sie lässt sich vom Rüden beschnuppern, biegt ihren Schwanz zur Seite und bleibt stehen, um sich zu paaren. Erfolgt keine Bedeckung, werden viele Hündinnen nach ungefähr 4 bis 6 Wochen scheinträchtig (Seite 102).

Paarung

Die Hündin ist mehrere Tage hintereinander deckbereit. Sie paart sich in dieser Zeit auch mit verschiedenen Rüden, wenn man sie lässt. So kann es vorkommen, dass in einem Wurf Geschwister von verschiedenen Vätern sind.
Nach erfolgter Bedeckung hängen die Partner aneinander. Der Penis des Rüden schwillt an, was verhindert, dass er aus der Scheide herausgleiten kann. Dieser Zustand kann bis zu einer halben Stunde andauern. Man darf auf keinen Fall versuchen, die Partner zu trennen. Dies würde zu erheblichen Verletzungen führen.
Beim Hängenbleiben dreht sich der Rüde oft um, so dass die Hunde dann mit den Hinterteilen einander zugewandt stehen bleiben.

Trächtigkeit

Eine Schwangerschaft bei der Hündin dauert 60 bis 65 Tage. Ungefähr nach 30 Tagen kann der Tierarzt eine Schwangerschaft durch eine Ultraschalluntersuchung feststellen. Diese Untersuchung ist die sicherste und schonendste zur Feststellung einer Trächtigkeit.
Ab dem 45. Schwangerschaftstag kann man die Welpen im Mutterbauch mittels einer Röntgenuntersuchung

Bis zu 6 Wochen werden die Welpen von der Mutter gesäugt.

feststellen. Auf das alleinige Abtasten des Bauches der Hündin sollte man sich nicht verlassen, denn bei sehr kleinen oder wenigen Welpen kann dieser Befund negativ ausfallen. Außerdem lässt sich nicht jede Hündin problemlos den Bauch abtasten.

Geburt

Eine gesunde Hündin bewerkstelligt die Geburt ihrer Welpen normalerweise allein.

Die normale Geburt verläuft folgendermaßen: Die Hündin wird unruhig, frisst nicht mehr, zittert und hechelt. Sie zieht sich in ihre Wurfkiste zurück.

Bis zu 12 Welpen werden im Abstand von einer halben bis zu einer Stunde geboren, wobei sie mit dem Kopf oder dem Hinterteil voran erscheinen können. Die Welpen befinden sich in einer weißlichen schleimigen Hülle. Diese wird von der Hündin zusammen mit der Nabelschnur durchgebissen und gefressen.

Hindern Sie die Hündin nicht am Auffressen der Nachgeburt. Die darin enthaltenen Hormone bewirken, dass die Geburt zügig vorangeht.

Je nach Rasse und Anzahl der Welpen kann eine Geburt 10 bis 12 Stunden dauern.

Der Nabelschnurstumpf der Welpen trocknet ein und fällt nach ca. einer Woche ab.

Welpenaufzucht

Die Welpen werden ungefähr 6 Wochen lang von der Mutter gesäugt. Nach etwa einer Woche öffnen sie, blind geboren, ihre Augen, im Alter von etwa 2 Wochen fangen sie an, aus dem Nest zu kriechen.

Ab der dritten Lebenswoche können die Welpen zugefüttert werden. Sie erhalten Welpenbrei, den es fertig zu kaufen gibt. Man ersetzt zunächst eine, später 2 und 3 Milchmahlzeiten durch diesen Brei. Ab der sechsten Lebenswoche können die Welpen Fertignahrung erhalten. Die Hündin lässt die Welpen in diesem Alter meist nur noch sporadisch saugen. Die Welpen sollten mindestens 8 Wochen bei der Mutter bleiben, besser sind jedoch 10 bis 12 Wochen. In dieser Zeit entwickelt sich das so genannte Urvertrauen der Welpen durch die fürsorgliche Zuwendung der Mutter.

Gemeinsam lässt sich die fremde Umgebung besser erkunden.

Kastration/Sterilisation

Diese Begriffe werden für einen operativen Eingriff bei Hündinnen und Rüden gebraucht, der dazu dient, die Tiere unfruchtbar zu machen.
In der Tiermedizin werden Hunde beiderlei Geschlechts kastriert, obwohl der Begriff meist nur für den Rüden verwendet wird.
Kastration bedeutet Entfernung der Geschlechtsdrüsen, beim Rüden also Entfernung der Hoden, bei der Hündin Entfernung der Eierstöcke.
Sterilisation bedeutet Unterbindung der Samenleiter beziehungsweise Eileiter. Das geschlechtsgebundene Verhalten der Hunde ändert sich durch diesen Eingriff nicht.

Kastration der Hündin

Bei der Operation wird von vielen Tierärzten neben den Eierstöcken die Gebärmutter ebenfalls entfernt. Dies hat den Vorteil, dass sie sich nicht mehr entzünden kann und eine eventuell notwendige zweite Operation von vornherein umgangen wird. Der Nachteil ist, dass der Bauchhöhlenschnitt größer ist als bei der alleinigen Entfernung der Eierstöcke.

Kastration des Rüden

Dabei werden die Hoden operativ entfernt. Viele, vor allem männliche Hundebesitzer, scheuen sich davor, einen Rüden kastrieren zu lassen. Dem Hund fehlt jedoch nach der Operation das Bewusstsein, kastriert zu sein. Er bekommt also keine psychischen Probleme, weil er nicht mehr potent ist.
Hinzu kommt, dass die meisten Rüden ihre Sexualität überhaupt nicht ausleben können, weil sie nie eine Hündin decken können.

Aggression gegenüber anderen Hunden kann sich nach einer Kastration bessern.

Bei gleicher Futtermenge neigen viele Hunde nach einer Kastration zum Fettwerden.

Vorteile der Kastration

➤ Bei einer Operation vor oder nach der ersten Läufigkeit sinkt das Risiko für die Hündin, an Brustkrebs/Gesäugetumoren zu erkranken, drastisch.
➤ Die Hündin wird nicht mehr läufig, blutet nicht mehr und lockt keine Rüden mehr an.
➤ Die Hündin wird nicht mehr scheinträchtig (Seite 102).
➤ Der übermäßige Geschlechtstrieb des Rüden verschwindet.
➤ Die Aggressivität gegenüber anderen Rüden bessert sich. Die Kastration sollte jedoch nicht als Allheilmittel bei Erziehungsproblemen gelten.
➤ Eine vergrößerte Prostata verkleinert sich wieder und kann sich nicht mehr zu einem bösartigen Tumor entwickeln.

Nachteile der Kastration

➤ Der Kalorienbedarf kastrierter Hunde beiderlei Geschlechts ist deutlich geringer als der von nicht kastrierten. Deshalb werden die Hunde bei gleicher Kalorienzufuhr nach der Operation dicker. Dem kann man aber entgegenwirken, indem man die Kalorienmenge reduziert beziehungsweise Diätfutter gibt.
➤ Die Hunde haben nach der Operation mehr Appetit, das heißt, der Hang zur vermehrten Kalorienaufnahme ist größer.

➤ Es kann bei älteren Hündinnen zu Harnträufeln kommen (Seite 91).
➤ Bei Hündinnen mit langem seidigem Fell (Langhaardackel, Setter, Cocker Spaniel) kann es durch die Hormonumstellung zu Fellveränderungen kommen.
➤ In seltenen Fällen kommt es durch den Östrogenmangel bei Hündinnen zu Entzündungen der Scheide.
➤ Jede Vollnarkose beinhaltet ein Narkoserisiko.

Kastration in der Rechtsprechung

Nach § 6 Tierschutzgesetz ist das vollständige oder teilweise Amputieren von Körperteilen oder das vollständige oder teilweise Entnehmen oder Zerstören von Organen oder Geweben eines Wirbeltieres verboten. Hierunter fällt auch die Kastration/Sterilisation bei Hunden.
Dieses Verbot gilt nur dann nicht, wenn der Eingriff im Einzelfall nach tierärztlicher Indikation geboten ist oder wenn eine unkontrollierte Fortpflanzung verhindert werden soll. Nur dann also, wenn der Tierarzt eine medizinische Indikation (zum Beispiel Hoden- oder Gebärmutterkrebs) attestiert, ist dieser Eingriff erlaubt. Als vorbeugende Maßnahmen (zum Beispiel wegen Scheinträchtigkeit, Abbau von Aggressivität oder Prostataerkrankung im Alter) reichen diese Argumente für diesen Eingriff regelmäßig nicht aus.
Bei ständig frei laufenden und streunenden Hunden kann der Eingriff erlaubt sein, um eine unkontrollierte Fortpflanzung zu verhindern.

Vorbeugende Pflege-maßnahmen

Außer durch bedarfsgerechtes Futter und regelmäßige Tierarzttermine können Sie Ihren vierbeinigen Freund durch regelmäßige Körperpflegemaß-nahmen gesund und fit erhalten.

Bürsten

TIPP
Legen Sie eine Gummi-matte (z.B. Fußmatte aus dem Auto) auf den Boden der Bade-wanne. Da-durch verhin-dern Sie, dass Ihr Hund in der glatten Wan-ne rutscht.

Langhaarige Hunde sollten regel-mäßig gebürstet werden. Trainieren Sie dies bereits im Welpenalter, damit der Hund sich an diese Maßnahme gewöhnt. Die hierzu erforderlichen Bürsten und Kämme erhalten Sie im Zoogeschäft.

Baden

Wenn Ihr vierbeiniger Freund gern ein Schlamm- und Dreckbad nimmt und hinterher die Wohnung unange-nehm duftet, ist ein Vollbad erforder-lich. Baden Sie Ihren Vierbeiner mög-lichst nicht mit Ihrem Shampoo, denn es trocknet die Hundehaut zu sehr aus. Spezielle Hundeshampoos erhalten Sie beim Tierarzt oder im Zoofachgeschäft.

Krallen kürzen

Hundekrallen müssen nicht unbe-dingt geschnitten werden, wenn sich der Vierbeiner genügend bewegt. Bei alten Hunde, die nicht mehr viel lau-fen, oder bei Hunden mit Afterkrallen (reduzierte Zehe ohne Bodenkontakt) sollten Sie die Krallen jedoch regel-mäßig kürzen.

Wie Sie dabei vorgehen, sollten Sie sich das erste Mal vom Tierarzt oder Zoofachhändler zeigen lassen; denn wenn Sie zu weit schneiden, fügen Sie dem Hund starke Schmerzen zu. Je nach Größe Ihres Kameraden reicht dazu ein Nagelklipper, bei großen Hunden mit kräftigen Krallen sollten Sie sich eine Krallenzange aus dem Zoofachgeschäft zulegen.

Zähne putzen

Bei Freunden und Bekannten erntet man immer ungläubige Blicke, wenn man erzählt, dass man seinem Hund regelmäßig die Zähne putzt. Dies ist jedoch eine durchaus sinnvolle Maß-

Die Krallen beim Kürzen nicht zu weit abschneiden.

nahme, um das Gebiss des Hundes ein Leben lang gesund zu erhalten. Vor allem kleine Hunderassen neigen stark zu Zahnsteinbildung. Dies führt zu Parodontose, Zahnfleischentzündungen und schließlich zu Zahnausfall. Diesem Problem kann man mit der regelmäßigen Zahnpflege vorbeugen. Auch hier gilt, am Besten bereits im Welpenalter beginnen, damit der Vierbeiner sich daran gewöhnt. Benutzen Sie hierzu spezielle Hundezahnbürsten und Hundezahnpasta aus dem Zoofachgeschäft. Putzen Sie einmal täglich die Zähne. Die Hundezahnpasta schäumt nicht und kann vom Hund abgeschluckt werden. Falls das Zähneputzen gar nicht klappen will, geben Sie Ihrem Hund regelmäßig Zahnputzkauknochen zu fressen. Diese reinigen das Gebiss mechanisch. Einige Produkte sind zusätzlich noch mit einem Enzym beschichtet, welches Zahnbeläge entfernt.

Achtung im Hundesalon!

Falls Ihr Hund regelmäßig einen Hundesalon besucht, weisen Sie den Friseur darauf hin, das Herausziehen der Haare aus dem Gehörgang zu unterlassen, denn diese Prozedur ist äußerst schmerzhaft für den Hund. Zudem wachsen die Haare wieder nach und die Haare im äußeren Gehörgang lassen sich nicht entfernen.

Ohrenpflege

Bei einem gesunden Hund benötigen die Ohren keinerlei Pflege. Hat Ihr Hund jedoch sehr viele Haare im Gehörgang und neigt stark zu Ohrschmalzbildung, sollten Sie seine Ohren ein- bis zweimal wöchentlich mit einem speziellen Ohrreiniger aus dem Zoofachgeschäft reinigen. Bei manchen Hunderassen mit Kipp- oder Hängeohren (z. B. Cocker Spaniel, Irish Setter, Basset Hound oder Pudel) kann es sogar erforderlich sein, die Ohren täglich zu reinigen. Verklebte, verfilzte Haare werden hierbei vorsichtig abgeschnitten.
Stochern Sie möglichst nicht mit einem Wattestäbchen im Hundeohr herum, Sie schieben den Dreck nur weiter in den Gehörgang hinein. Die äußere Ohrmuschel wischen Sie mit einem weichen Lappen, den Sie mit Ohrreiniger getränkt haben, aus.

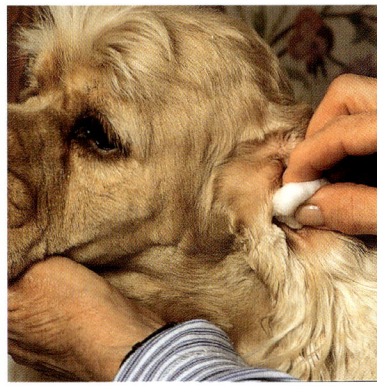

Gerade bei Hunden mit Hängeohren ist tägliche Ohrenpflege unerlässlich.

Wann zum Tierarzt?

Grundsätzlich gilt, bei allen Erkrankungen, die länger als 2 bis 3 Tage anhalten, den Tierarzt aufzusuchen. Dies ist auch abhängig vom Allgemeinbefinden des Hundes. Bei schweren Störungen des Allgemeinbefindens sowie allen fieberhaft verlaufenden Erkrankungen sollten Sie unbedingt den Rat des Tierarztes einholen. Oft ist dies auch telefonisch möglich. Bei Tieren ab 6 Jahren empfiehlt sich ein jährlicher Gesundheitscheck, um altersbedingte Erkrankungen rechtzeitig behandeln zu können.

Entwurmung

Gegen einen Wurmbefall können Sie Ihren Hund nicht vorbeugend behandeln. Mit den derzeit gängigen Medikamenten können Sie nur die Würmer im Inneren des Hundes abtöten.

Das heißt, dass Sie je nach Lebensweise den Hund zwei- bis viermal pro Jahr entwurmen sollten.
Frisst Ihr Hund draußen Mäuse oder unkontrolliert Dinge, hat er Flöhe oder verzehrt er die Fische aus Nachbars Gartenteich? Dann muss er viermal entwurmt werden.

Entwurmungsplan

➤ **Trächtige Hündin:** Einmal wöchentlich mit einem Spulwurmpräparat
➤ **Nach der Geburt:** Zusammen mit den Welpen ab der 2. Woche nach der Geburt einmal wöchentlich, bis die Welpen 6 Wochen alt sind, mit einem Spulwurmpräparat
➤ **Erwachsene Hunde:** Zwei- bis viermal jährlich mit einem Kombinationspräparat gegen Spulwürmer, Hakenwürmer, Fadenwürmer und Bandwürmer

Checkliste

Wann zum Tierarzt?

➤ Einmal jährlich zur Impfung (Tabelle Seite 21)
➤ Einmal jährlich zum Gesundheitscheck bei Hunden über 6 Jahren
➤ 2- bis 4-mal jährlich zur Entwurmung

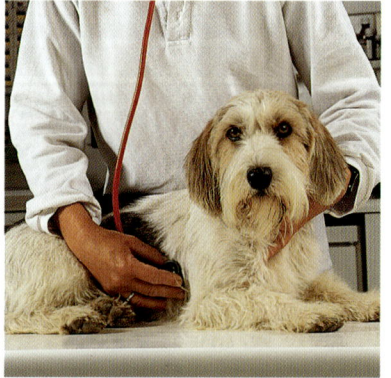

Hunde ab sechs Jahren sollten einmal jährlich zum Gesundheitscheck.

Impfplan

Lebensalter	Impfung gegen
Ca. 8. Lebenswoche	Staupe, Hepatitis, Leptospirose, Parvovirose
Ca. 12. Lebenswoche	Staupe, Hepatitis, Leptospirose, Parvovirose, Tollwut evtl. zusätzlich Borreliose, Zwingerhusten
16. Lebenswoche	Borreliose, Zwingerhusten
Jährliche Wiederholung	Leptospirose, Parvovirose, Zwingerhusten, Tollwut, Borreliose
Alle 2 Jahre	Staupe, Hepatitis

Achtung:

Wenn Ihr Tierarzt Ihnen ein anderes Impfschema empfiehlt, hat er nicht etwa Unrecht, sondern einfach nur eine andere Auffassung als die Autorin. In der Tiermedizin herrscht über nichts weniger Einigkeit als über das korrekte Impfschema.

Wurmkuren gibt es als Tabletten, Pasten und als Tropfen, die ins Genick geträufelt werden. Diese Präparate werden ausnahmslos gut vertragen und schaden nicht.

Wenn Sie es aber lieber genau wissen wollen, kann der Tierarzt vor der Entwurmung eine Kotprobe Ihres Hundes untersuchen und dann gezielt die vorhandenen Würmer behandeln. **Achtung:** Ein negatives Ergebnis einer Kotprobe schließt einen Wurmbefall nicht zwingend aus, denn in der Kotprobe werden die Wurmeier nachge-wiesen, und es gibt Phasen im Lebenszyklus des Wurmes, in denen er keine Eier ausscheidet.

Parasitenprophylaxe

► **Frühjahr und Sommer:** Vorbeugung gegen Flöhe und Zecken Geeignet: Sprays, Halsbänder, Spot-on-Präparate

► **Herbst:** Gegen Herbstgrasmilben Geeignet: Dieselben Präparate wie zur Floh- und Zeckenprophylaxe, sie sind jedoch weniger gut wirksam.

Was Hunden gut tut

In jedem Hund wohnt ein kleiner Wolf. Wölfe sind Rudeltiere, sie haben ihr gesamtes soziales Verhalten auf das Rudel abgestimmt und fühlen sich nur im Rudel richtig wohl. Beziehen Sie deshalb Ihren Hund in Ihre Aktivitäten mit ein, denn Sie und Ihre Familie sind sein Rudel.

Rangordnung

Als Rudeltier braucht Ihr Hund eine klare Position in der Familie. Beziehen Sie alle Familienmitglieder, auch die kleinsten Kinder, in die Hundeerziehung mit ein. Es kann nicht angehen, dass Ihr Hund die für ihn sehr angenehme Chefstellung im Rudel einnimmt. Wie Sie das anstellen, lesen Sie in der geeigneten Literatur über Hundeerziehung (Seite 126).
Leben zwei oder mehr Hunde in Ihrem Haushalt, achten Sie auf die Rangordnung. Einer von den beiden ist das übergeordnete Tier. Als Halter müssen Sie dem unbedingt Rechnung tragen, denn für die Hunde ist es außerordentlich verwirrend, wenn beide gleich behandelt werden. Das heißt, dass Sie den ranghöheren Hund zuerst füttern sollten, er darf als Erster durch die Tür gehen, und Sie sollten ihm auch etwas mehr Aufmerksamkeit schenken als dem rangniedrigeren Tier. Wenn Sie dies re-

Fitnessplaner für den Hund

Täglich
➤ *Mindestens 3-mal insgesamt 1 Stunde spazieren gehen*
➤ *Kontakt mit Artgenossen; dies ist wichtig für das Sozialverhalten Ihres Hundes*

Wöchentlich
1- bis 2-mal
➤ *Besondere Spaziergänge*
➤ *Mit Wasserratten baden gehen*
➤ *Mit Langstreckenläufern Fahrrad fahren*
➤ *Mit Aerobic-Fans auf dem Hundeplatz über Hindernisse hüpfen oder Agility trainieren*
➤ *Mit Junghunden und Welpen zu Prägungsspieltagen oder Junghundetreffen gehen*

spektieren, wird sich der rangniedrigere Hund viel eher mit seiner Rolle abfinden. So vermeiden Sie Beißereien der Hunde untereinander.

Die Radtour mit Herrchen bereitet sichtbares Vergnügen und ist obendrein noch gesund.

Bewegung

Mit seinem Rudel durchstreift der Wolf sein Revier. Er ist die meiste Zeit des Tages in Bewegung. Deshalb sollte jeder Hund, auch ein ruhiger Vierbeiner, regelmäßig Bewegung haben. Es gibt Rassen, die müssen regelrecht arbeiten, sonst kommen sie auf dumme Gedanken oder werden gar übellaunig, beispielsweise Border Collies. Informieren Sie sich vor der Anschaffung, ob Sie dem Bewegungsdrang Ihres Hundes gerecht werden können. Ein beliebter Sport, der auch Herrchen und Frauchen fit macht und bei dem es auf Wettkämpfen auch noch schöne Preise zu gewinnen gibt, ist Agility. Hierbei müssen Herr und Hund Hindernisse bewältigen und durch einen Parcours rennen; auch auf Geschicklichkeit kommt es noch an. Wenn Sie es lieber etwas ruhiger angehen lassen möchten, ist der Breitensport oder die Ausbildung zum Begleithund das Richtige. Informieren Sie sich über die verschiedenen Sportmöglichkeiten mit Hund in Hundevereinen, auf Hundeplätzen, in Zoogeschäften, beim Tierarzt oder in der speziellen Literatur über diese Sportarten (Seite 126).

Sollten Sie zusammen mit Ihrem Hund anderen Menschen helfen wollen, ist die Ausbildung zum Rettungshundesanitäter vielleicht eine Perspektive. Wie bei allen diesen Aktivitäten kommt es überhaupt nicht darauf an, um welche Hunderasse es sich bei Ihrem Vierbeiner handelt. Auch kleine Hunde sind zu großen Taten fähig. Es gibt Dackel, die als Rettungshunde ausgebildet wurden und auch eingesetzt werden.

Spielen

Spielen ist wichtig für die Entwicklung des Hundes. Im Spiel werden Verhaltensweisen geübt, die der Hund für das Leben mit Menschen und die Verständigung mit Hunden braucht. Spielzeug für Ihren Hund muss nicht nur die Quietschente oder der Kauknochen sein. Im Zoofachhandel erhalten Sie Apportierhölzer, Hundefrisbees und Dummys. Nehmen Sie diese mit auf den Spaziergang, und lassen Sie den Hund das Frisbee oder den Dummy apportieren. Beziehen Sie Ihre Kinder in das Spiel mit ein.

Hunde mit ausgeprägtem Bewegungsdrang sind auf einem Sportplatz gut aufgehoben.

Gesunde Ernährung

Sie ist Grundvoraussetzung für ein gesundes Hundeleben. Sie sollte optimal auf Alter, Leistungsstand, Kalorienbedarf und eventuelle Krankheiten abgestimmt sein.
Die Inhaltsstoffangaben auf Fertigfutter mögen verwirren. Sie werden nach einem speziellen Verfahren ermittelt.

Nährstoffklassen:
➤ Wasser
➤ Kohlenhydrate
➤ Proteine (= Eiweiße)
➤ Fette
➤ Mineralien
➤ Vitamine
Diese Nährstoffe sind in den einzelnen Fraktionen der angegebenen Futterbestandteile enthalten.

Futterinhaltsstoffe von Fertigfutter:
➤ **Rohwasser:** Wassergehalt nach dem Trocknen des Futters bei 103° C
➤ **Trockensubstanz:** Der nach Trocknung zurückbleibende Anteil eines Futtermittels
➤ **Rohasche:** Anteil des Futters, der nach Verglühen zurückbleibt; enthält Mengen- (Kalzium, Phosphor, Magnesium, Natrium, Kalium, Chlorid) und Spurenelemente (Eisen, Zink, Kupfer, Mangan, Jod, Selen)
➤ **Rohprotein:** Alle Anteile des Futters, die Stickstoff enthalten; hauptsächlich Eiweiß

➤ **Rohfett:** Alle Anteile, die in Petroläther löslich sind; besteht aus Fetten und Ölen
➤ **Rohfaser:** Alle Anteile von pflanzlichen Zellwänden, die nicht verdaulich sind; werden auch als Ballaststoffe bezeichnet. Sie sind wichtig für die Kotbeschaffenheit.
➤ **Stickstofffreie Extraktstoffe:** Bestehen aus Kohlenhydraten wie Stärke, Zucker und löslichen Anteilen von Zellwänden

TIPP

Wenn Ihr Hund abnehmen soll, besorgen Sie sich ein Diätfutter und füttern nach dem Zielgewicht und nicht nach dem tatsächlichen Gewicht.

Checkliste

Gesunde Futterbestandteile

➤ Fleisch, aber nur gekocht
➤ Herz (= Muskelfleisch)
➤ Fisch
➤ Joghurt, Quark, Hüttenkäse
➤ Gemüse
➤ Eier, nur gekocht
➤ Rinderpansen oder Blättermagen, aber nur ungeputzt

Ungesunde Futterbestandteile

➤ Lunge
➤ Milz
➤ Geputzter Blättermagen oder Pansen
➤ Alle Arten von Süßigkeiten

Was füttere ich?

Fertigfutter gibt es als Trocken- oder Dosenfutter. Es ist für jedes Alter erhältlich, denn ein großwüchsiger Welpe hat einen anderen Nährstoff- und Mineralienbedarf als ein alter Pekinese. Sie sollten also immer bedarfsgerecht füttern, das heißt, die Futterart und -menge dem Energie- und Mineralstoffbedarf anpassen.

Ob Sie hierbei Dosen- oder Trockenfutter nehmen, ist Geschmackssache. Da Dosenfutter in der Regel weniger Rohfaser enthält als Trockenfutter, kann es bei manchen Hunden bei alleiniger Fütterung von Dosenfutter zu Durchfall kommen.

Selbstgekochtes: Natürlich können Sie Ihrem Hund auch selbst gekochte Kost servieren. Bedenken Sie aber, dass diese in ihrem Nährstoffgehalt stark variiert und Sie nicht sicher sein können, ob Ihr Hund auch mit allen lebensnotwendigen Vitaminen und Mineralstoffen versorgt wird.

Diätfutter: Spezielles Futter, das entweder im Kaloriengehalt reduziert ist und dazu dient, Ihren übergewichtigen Hund abnehmen zu lassen, oder Futter in einer speziellen Zusammensetzung zur unterstützenden Therapie bei verschiedenen Erkrankungen, wie Stoffwechselstörungen. Letzteres ist nur beim Tierarzt erhältlich, weil ein gesunder Hund durch dieses Diätfutter krank werden kann.

Wie oft füttern?

Alter des Hundes	Anzahl der Fütterungen
bis 6 Monate	4
6–12 Monate	2–3
über 12 Monate	1–2

Ob Sie einen erwachsenen Hund ein- oder zweimal pro Tag füttern, hängt von seinen Lebensgewohnheiten ab. Einen Leistungshund, der viel frisst, sollte man zweimal täglich füttern. Ebenso Hunde, die schnell schlingen und hinterher die Nahrung wieder erbrechen. Das zweimalige Füttern pro Tag hat den Vorteil, dass die Verdauungsarbeit nicht auf einmal geleistet werden muss, und wird von manchen Hunden besser vertragen. Jedoch sollten Sie unbedingt beherzigen, dass Ihr Hund nach der Fütterung Ruhe braucht, sonst besteht die Gefahr einer Magendrehung (Seite 88).

Das Futter sollte dem Alter und Leistungsstand des Hundes angepasst sein.

Untersuchen
und behandeln

➤ **Den Hund heilen** 28

➤ **Tierapotheke** 32

➤ **Nützliches Hundezubehör** 34

➤ **Hunde selbst untersuchen** 36

➤ **Umgang mit dem kranken Hund** 38

➤ **Verbände** 42

Den Hund heilen

Grundsätzlich haben Sie zwei Möglichkeiten: Sie können zu einem Schulmediziner gehen oder zu einem Therapeuten, der den Hund naturheilkundlich behandelt.

Schulmedizin

Darunter versteht man die Medizin, die an den Universitäten gelehrt wird und nach wie vor am weitesten verbreitet ist.

Neben der allgemeinen Untersuchung eines Tieres werden verschiedene Verfahren, wie Blutuntersuchungen, Röntgenaufnahmen oder Ultraschalluntersuchungen, angewandt.

Die Schulmedizin heilt Leiden mit pharmakologisch wirksamen Substanzen. Das sind Medikamente, bei denen Wechselwirkungen mit anderen Medikamenten und ihre Wirkungen auf den Organismus genau bekannt und reproduzierbar sind.

Neben der Therapie mit Medikamenten bedient sich die Schulmedizin der Chirurgie, der operativen Entfernung von veränderten Gewebeteilen oder der Wiederherstellung veränderter anatomischer Strukturen beispielsweise nach Unfällen oder Bissverletzungen.

Ein schulmedizinisch ausgebildeter Tierarzt ist Internist, Zahnarzt, Allgemeinmediziner, Gynäkologe, Narkosearzt und Chirurg in einem. Neuerdings ist jedoch der Trend zur Spezialisierung in der Tiermedizin unaufhaltsam. Die Tiermedizin hat in den letzten 10 Jahren rasante Fortschritte gemacht. So sind Zahnspangen für Hunde heute keine Seltenheit mehr und künstliche Hüftgelenke bei Hunden fast schon eine Routineoperation. Diese Gegebenheiten verlangen auch von den Tiermedizinern eine zuneh-

Verunfallte Hunde gehören in die Hände eines erfahrenen Tierarztes.

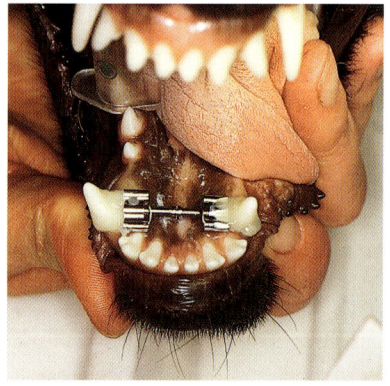

Auch bei Hunden kann man Gebissfehlstellungen mit einer Zahnspange korrigieren.

mende Spezialisierung. So gibt es heute Spezialisten, die nur Tierzahnheilkunde betreiben oder nur orthopädische Operationen durchführen.

Alternative Tiermedizin

Die Schulmedizin wird auch im Tierarztsektor zunehmend eine Gerätemedizin; seelische Gemütslagen, das Gleichgewicht zwischen Organismus und Umwelt und Ähnliches werden kaum berücksichtigt. So haben neben der klassischen Schulmedizin alternative Heilverfahren ihre Berechtigung und lassen sich auch mit der Schulmedizin kombinieren.
Alternative Heilmethoden berücksichtigen die Tatsache, dass neben einer körperlichen Ursache für eine Erkrankung die Psyche eine nicht zu unterschätzende Rolle spielt.

Homöopathie

Die Homöopathie wurde im 19. Jahrhundert von Samuel Hahnemann entwickelt. Er erkannte, dass Medikamente, die in hoher Dosis Krankheiten hervorrufen, dieselben Krankheiten in niedriger Dosis heilen können. Zur Anwendung in der Homöopathie kommen Pflanzen, Mineralien, Tiere, Gifte, Metalle und Mineralsäuren. Diese werden stark verdünnt und sind in verschiedenen Potenzen (Verdünnungsstufen) erhältlich.

Wirkungsweise der Medikamente

In der Schulmedizin werden neben Injektionen, die der Tierarzt verabreicht, Tabletten, Tropfen, Zäpfchen, so genannte Spot-on-Präparate und Salben verordnet.

➤ *Tabletten und Tropfen: Der Wirkstoff gelangt nach Eingabe über den Mund in den Magen. Dort wird er aufgenommen und mit dem Blut zu seinem Bestimmungsorgan transportiert, oder er wirkt über das Blut in allen Organen. Manche Tabletten passieren den Magen und werden erst im Darm aufgelöst, wo die Wirkstoffe über die Darmschleimhaut in das Blut gelangen.*

➤ *Zäpfchen: In den After eingeführt, lösen sie sich sehr schnell auf. Der freigesetzte Wirkstoff wird über die Darmschleimhaut vom Körper aufgenommen und dann über das Blut verteilt. Zäpfchen wirken schneller als Tabletten, da der Wirkstoff schneller in den Körper gelangt. Hunde mögen sie meist nicht, da sie ein Brennen im After verursachen können, und sie versuchen, die Zäpfchen wieder herauszupressen.*

➤ *Spot-on-Präparate: Flüssige Arzneimittel, die auf die Nackenhaut des Hundes aufgetropft werden. Der Wirkstoff wird über die Haut aufgenommen und gelangt über das Blut zum Zielorgan oder lagert sich in den oberen Hautschichten ab (Parasitenmittel). Der Vorteil dabei ist die schnelle, sichere Anwendung.*

➤ *Salben: Sie werden am Ort des Geschehens aufgetragen, zum Beispiel als Wund- oder Augensalben, und wirken nur örtlich; die Wirkstoffe gelangen nicht in den Blutkreislauf.*

2 9

Bach-Blüten-Therapie

Der englische Arzt Dr. Edward Bach entdeckte im 20. Jahrhundert, dass bestimmte Persönlichkeitstypen zu bestimmten Krankheiten neigen. Zur Behandlung dieser reaktiven Gemütslagen entwickelte er ein Therapiekonzept, welches aus 37 Blüten- und Pflanzenauszügen und dem Wasser einer heilkräftigen Quelle besteht. Diese Essenzen werden von 1 bis 38 durchnummeriert. Nr. 39, Rescue Remedy oder Notfallmittel, ist eine Mischung aus fünf Blüten und lässt sich in allen Notfallsituationen einsetzen.

Akupunktur

Die Akupunktur ist eine uralte chinesische Lehre, die erst in jüngster Zeit Einzug in europäische Arzt- und Tierarztpraxen gehalten hat. Nach dieser Lehre besteht ein Kräftegleichgewicht im Körper zwischen den beiden Polen Yin und Yang. Bei Krankheit besteht ein Ungleichgewicht zwischen diesen Polen. Nach chinesischer Vorstellung gibt es im Körper ein Netz von Energiebahnen, den Meridianen, die in Wechselwirkung zueinander stehen. Auf ihnen befinden sich die Akupunkturpunkte.
Ziel der Akupunktur ist es, das Gleichgewicht zwischen Yin und Yang wieder herzustellen, indem die Akupunkturpunkte auf den Meridianen stimuliert werden. Zur Stimulation verwendet man Akupunkturnadeln, Elektroakupunktur und Laserakupunktur. Bei der Moxibustion wird am Griff der Nadeln Moxakraut (Beifuß) abgebrannt, um die Akupunkturpunkte zu stimulieren.

Weitere Methoden

Daneben werden in der Tiermedizin noch eine Fülle anderer alternativer Heilmethoden eingesetzt, wie Bioresonanztherapie, Magnetfeldtherapie, Nosodentherapie oder Neuraltherapie. Über diese Heilmethoden können Sie sich in spezieller Literatur zu alternativen Heilverfahren informieren (Seite 126).

Physiotherapie

In neuester Zeit hat die Physiotherapie Einzug gehalten in die Tiermedi-

Auch bei Hunden werden immer häufiger Naturheilverfahren, wie Akupunktur, eingesetzt.

zin. Sie ist im eigentlichen Sinne kein Heilverfahren, wird aber in der Humanmedizin seit langem angewandt. Die Physiotherapie dient dazu, Menschen und Tiere beweglich zu erhalten. Sie wird bei allen Erkrankungen des Bewegungsapparates eingesetzt, wie Rheuma, Arthrose oder Gicht, sowie vor und nach Operationen am Bewegungsapparat.

Hierbei kommen Massagen, Reflexzonentherapie, Krankengymnastik, Lymphdrainage, Elektrotherapie, Hydro- und Thermotherapie zum Einsatz.

Es gibt in Deutschland bereits ein Physiotherapiezentrum für Tiere (Adresse, Seite 126). Die Behandlung erstreckt sich meist über einen Zeitraum von 2 bis 3 Wochen.

Heilmittel zum Selbermachen

➤ Tee zur Stärkung der Abwehrkräfte
10 g Holunderblüten
30 g Hagebutten
1 TL der Mischung mit 1/4 l siedendem Wasser übergießen, 10 Min. ziehen lassen, dann abseihen. Je nach Größe des Hundes 2 bis 4 EL davon pro Tag geben.

➤ Durchfall-Notbremse
1 EL getrocknete Himbeerblätter mit 1 Tasse Wasser 12 Std. ansetzen, dann 15 Min. kochen und abseihen. Am Besten geeignet sind Blätter von wilden Himbeeren aus dem Wald. Diese werden getrocknet und in Leinensäckchen aufbewahrt. Um Verunreinigungen zu vermeiden, nur Blätter oben am Strauch sammeln.

➤ Der Fitmacher
1/2–1 TL Blütenpollen
1 TL zermahlene Eierschalen
1 zerriebene Meeresalgentablette
1 TL Honig
1 TL Sahne
1 TL Olivenöl
1 TL Hefepulver
1 TL Apfelessig
Alle Zutaten zu einem Brei verrühren und dem Hund füttern. Der Brei macht müde Hunde fit und ist gesund.
Vorsicht bei Übergewicht: In Mengen genossen, macht der Brei dick.

➤ Die Wunder-Wundsalbe
2/3 Honig und 1/3 Lebertran zu einer Salbe verrühren und auf die Wunde auftragen. Die Salbe bringt schlecht heilende Wunden zum Abheilen und trocknet sie aus.

Tierapotheke

Um für Notfälle und die Versorgung kleinerer Verletzungen gerüstet zu sein, sollten Sie eine Tierapotheke griffbereit zu Hause haben. Sie können diese natürlich mit Ihrer eigenen Hausapotheke kombinieren, aber bedenken Sie, dass nicht alle Familienmitglieder gewillt sind, das Fieberthermometer mit dem Vierbeiner zu teilen. Die einzelnen Bestandteile der Tierapotheke (Checkliste) lassen sich natürlich variieren. Sie erhalten diese in der Apotheke oder beim Tierarzt. **Wasserstoffperoxid** ist ein sehr gutes Mittel, um Wunden zu desinfizieren. Es hat den Vorteil, dass es im Gegensatz zu jodhaltigen Lösungen keine Flecken macht und auch nicht brennt wie etwa alkoholische Desinfektionsmittel. Sie können es als fertige Lösung in der Apotheke kaufen oder sich die Lösung selbst aus Tabletten, die Sie in Wasser auflösen, herstellen. **Achtung:** Da die meisten Hunde vor dem Zischgeräusch von Desinfektionssprays erschrecken, sollten Sie auf deren Verwendung verzichten, es sei denn, Ihr Hund ist das Spraygeräusch gewohnt.
Als Wundsalben sind alle für den Menschen geeigneten Wundsalben empfehlenswert. Denken Sie jedoch bei jodhaltigen Wundsalben daran, dass diese unschöne Flecken in Ihrer Wohnung hinterlassen können.

TIPP

Wollen Sie andere Medikamente als Vorrat halten, z.B. Tabletten gegen Erbrechen oder Durchfall, sollten Sie sich von Ihrem Tierarzt beraten lassen.

Inhalt der Tierapotheke

➤ Mullkompressen
➤ Mullbinden, elastische Binden
➤ Selbsthaftende Binden (Vetrap®, Flexus®, Peha haft®)
➤ Klebeband
➤ Verbandswatte
➤ Verbandsschere
➤ Synthetische Polsterwatte
➤ Einprozentige Wasserstoffperoxidlösung zur Wunddesinfektion
➤ Wunddesinfektionsspray ohne Alkohol
➤ Wundsalbe
➤ Fieberthermometer, digital
➤ Pinzette mit abgerundeten Enden
➤ Hot Packs
➤ Cold Packs (Seite 124)
➤ Maulkorb
➤ Zeckenzange
➤ Einmalhandschuhe
➤ Einmalspritzen (5 oder 10 ml)

Wichtig
➤ Bewahren Sie die Tierapotheke so auf, dass sie für alle zugänglich ist. Informieren Sie die Familie über den Standort, damit im Notfall schnelle Hilfe erfolgen kann.
➤ Die Medikamente der Tierapotheke müssen nicht im Kühlschrank gelagert werden, sollten aber bei Zimmertemperatur an einem dunklen

Ort aufbewahrt werden. Das Cold Pack müssen Sie natürlich im Kühlschrank oder Eisfach aufbewahren, denn es im Notfall erst zu kühlen dauert zu lang.

➤ Kontrollieren Sie den Inhalt Ihrer Tierapotheke mindestens einmal jährlich, denn Wundsalben und Medikamente sind nicht unbegrenzt haltbar. Ist das Verfallsdatum überschritten, sollten sie nicht mehr angewandt werden. Da Sondermüll, geben Sie die Präparate in Apotheken zur Entsorgung ab. Klebeband klebt nach langer Lagerung nicht mehr richtig und wird unbrauchbar.

➤ Bewahren Sie in Ihrer Tierapotheke einen Zettel mit den wichtigsten Telefonnummern wie Tierarzt, Tierklinik, evtl. Tierrettung (gibt es in größeren Städten) auf, so dass diese schnell zur Hand sind.

➤ Wenn Sie häufig mit Hund und Auto unterwegs sind, sollten Sie auch in Ihrem Auto für Notfälle eine Tierapotheke bereithalten.

➤ Benötigt Ihr Hund regelmäßig Medikamente, z.B. Herztabletten, sollten Sie einen Vorrat bereithalten, damit die Medikamente auch über Wochenenden oder während der Urlaubszeit verfügbar sind.

➤ Sollten Sie Wunddesinfektionsspray in Ihrer Tierapotheke bevorraten, achten Sie darauf, dass es keinen Alkohol enthält. Alkohol brennt auf offenen Wunden.

Reiseapotheke

Für Reisen empfiehlt es sich ebenfalls, eine kleine Tierapotheke mitzuführen. Gerade in den südlichen Ferienländern sind nur wenige Tierärzte auf die Behandlung von Hunden eingestellt. Welche Medikamente für welche Feriengebiete ratsam sind, erfahren Sie bei Ihrem Tierarzt.

Praktisch für den Transport zum Tierarzt – eine Tragbox.

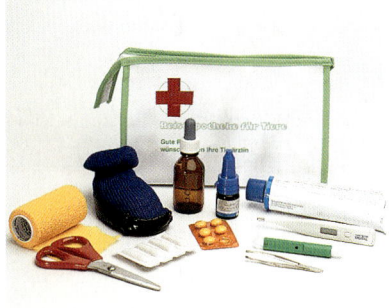

Bewahren Sie die Tierapotheke an einem gut zugänglichen Ort auf.

33

Nützliches Hunde-zubehör

Haarspangen

Die bei Maltesern und Yorkshire Terriern beliebten Haarspangen leisten auch bei anderen langhaarigen Hunden gute Dienste. Ursprünglich als Schmuck gedacht, verhelfen sie auch anderen Rassen zu besserer Sicht. Achten Sie darauf, dass die Haarspange nicht zu viel Zug ausübt, sonst kann es zu Haarausfall kommen. Auf jeden Fall ratsam ist das Anlegen eines solchen Haarschmucks, wenn Ihr Hund unter einer Bindehautentzündung leidet und seine Lider verklebt sind beziehungsweise durch das Aufbringen von Augensalbe die Haare mit den Lidern verkleben. Haarspangen gibt es in den unterschiedlichsten Formen und Farben im Zoofachhandel zu kaufen.

Mäntel, Jacken, Pullover

Hunde, die unter Bandscheiben- oder Rückenproblemen leiden, oder ältere Hunde danken es Ihnen, wenn Sie ihnen im Winter einen wärmenden Pullover oder einen Mantel anziehen. Vor allem kurzhaarige Hunde oder Hunde, die regelmäßig geschoren werden, müssen im Winter fast nackt herumlaufen. Die wärmende Jacke entspannt die Muskulatur und tut dem kranken Rücken gut.

Hundeschuhe

Sie gibt es in vielen verschiedenen Ausführungen und Größen. Am Besten geeignet sind Schuhe aus Neopren oder Vinyl, die sich der jeweiligen Pfotengröße anpassen lassen. Sie sind geeignet als Nässeschutz für Verbände oder als Pfotenschutz bei Eis und Schnee.

Ein Schuh bietet Schutz vor Nässe, Kälte und Schmutz.

Für die Fellpflege vor allem langhaariger Hunde gibt es verschiedenes Zubehör im Handel.

Rotlichtlampe

Eine solche Lampe ist nicht unbedingt das klassische Hundezubehör, sie sollte aber in keinem Haushalt fehlen. Gerade bei Erkrankungen des Bewegungsapparates kann die Wärme dieser Lampe wahre Wunder wirken. Die meisten Hunde, vor allem solche mit Rückenproblemen, lassen sich gern mit Rotlicht bestrahlen. Die Wärme wirkt schmerzlindernd und hilft, dass sich die verkrampfte Muskulatur wieder entspannt.

Bürsten, Kämme

Mit dem richtigen Zubehör ist man auch im Krankheitsfall gut gerüstet.

Diese benötigen Sie vor allem bei langhaarigen Hunden. Lassen Sie sich im Zoogeschäft beraten, welche Bürste für Ihren Hund geeignet ist. Gewöhnen Sie Ihren Hund bereits im Welpenalter an die regelmäßige Haarpflege. Bei einem Welpen mag es noch nicht unbedingt erforderlich sein, ihn zu bürsten. Wenn er diese Prozedur aber einmal gewöhnt ist, lässt er es sich auch als erwachsener Hund gern gefallen und kann die Körperpflege genießen.

Futterbälle oder Futterwürfel

Diese Bälle oder Würfel enthalten Löcher, durch die man sie mit einigen Leckerbissen füllen kann. Sie sollen den Hund animieren, den Ball über den Boden zu rollen. Dabei fällt hin und wieder ein Leckerbissen aus einem der Löcher.

Spieltaue oder -seile

Sie sind als gedrehte Baumwollseile erhältlich. Besonders junge Hunde ziehen gern daran und wetteifern mit ihrem Besitzer oder mit Spielkameraden, wer das Tau bekommt. Vor allem während des Zahnwechsels entwickeln viele Hunde einen enormen Zerstörungswahn, weil sie alles zernagen. Dann helfen diese Taue, weil sie die Hunde ablenken. Gleichzeitig massieren sie das Zahnfleisch und fördern die Durchblutung. Hat Ihr Hund Zahnwechselprobleme, weil die Milchzähne nicht ausfallen, lassen Sie ihn viel mit diesem Tau spielen. Die Milchzähne lockern sich, und dadurch muss der Zahn vielleicht nicht gezogen werden.

TIPP

Bälle sind besser geeignet als Würfel. Sie erzeugen weniger Lärm, wenn sie über den Boden rollen. Außerdem rollen Würfel auf glatten Böden manchmal schlecht, und die Hunde verlieren schnell die Lust an diesem Spielzeug.

Hunde selbst untersuchen

Das folgende Kapitel soll Ihnen helfen, selber zu erkennen, ob Sie mit Ihrem Hund tierärztliche Hilfe in Anspruch nehmen müssen, es kann den Tierarzt aber nicht ersetzen.
Wie bei allen Manipulationen sollten Sie die Untersuchungsschritte hin und wieder spielerisch üben, damit sich Ihr Hund daran gewöhnt.

Allgemeinuntersuchung

Schauen Sie sich Ihren Hund kritisch an. Ist sein Fell glänzend, steht er aufrecht auf allen vier Beinen, ist sein Geruch hundetypisch leicht säuerlich? Fällt Ihnen bereits hier etwas auf, notieren Sie es.

Gewicht

Ihr Hund ist normalgewichtig,
➤ wenn Sie die Rippen beim seitlich über seinen Brustkorb Streichen tasten können.
➤ wenn Sie die langen Fortsätze der einzelnen Wirbel als Hubbel auf dem Rücken spüren können.
Richten Sie sich nicht sklavisch nach Gewichtstabellen, die für Rassehunde erstellt worden sind. Auch innerhalb der Rassen können Größe und Gewicht individuell stark schwanken.

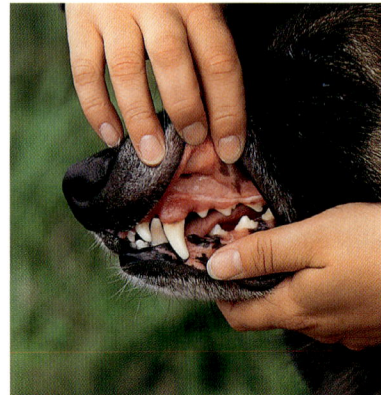

Das Zahnfleisch sollte rosa, die Zähne porzellanfarben sein.

Den Puls fühlt man an der Innenseite des Oberschenkels.

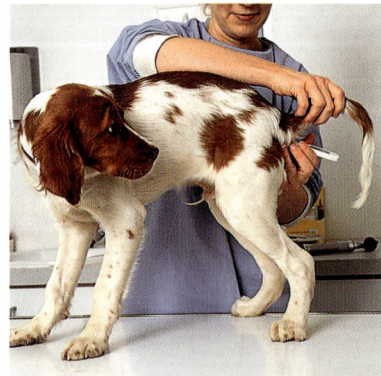

Zwischen 37° und 39° C Körpertemperatur ist bei Hunden normal.

Den Hund wiegen

➤ Einen kleinen Hund nehmen Sie auf den Arm und stellen sich mit ihm auf die Waage. Ziehen Sie Ihr eigenes Gewicht vom Gesamtgewicht ab, das Ergebnis ist das Gewicht des Hundes.
➤ Einen größeren Hund lassen Sie am Besten beim Tierarzt wiegen.

Körpertemperatur

Die exakte Körpertemperatur wird durch Messen im After ermittelt. Machen Sie ein Digitalthermometer mit etwas Creme gleitfähig, und schieben Sie es ca. 1 bis 2 cm weit in den After. Warten Sie den Piepston ab, der das Ende des Messvorgangs anzeigt. **Achtung:** Nach körperlicher Anstrengung oder bei großer Hitze kann die Körpertemperatur erhöht sein, ohne dass der Hund Fieber haben muss. Wiederholen Sie die Messung, wenn Ihr Hund zur Ruhe gekommen ist.

Die Mundhöhle

Heben Sie die Lefzen Ihres Hundes hoch und begutachten Sie Schleimhäute und Zahnfleisch. Sie sind normalerweise rosarot, leicht glänzend und zeigen keine Auflagerungen. Bei vielen Hunden ist die Schleimhaut mit ungefährlichen bräunlichen Pigmentflecken übersät. Um sicherzugehen, dass es tatsächlich Pigment-

flecken sind, untersuchen Sie die Schleimhaut an den Augenlidern. Untersuchen Sie die Zähne des Hundes. Sie sollten porzellanfarben sein.

Atemfrequenz

Die Atmung des Hundes ist am Rippenbogen und am Bauch sichtbar. Um die Atemfrequenz zu ermitteln, zählen Sie eine halbe Minute lang, wie oft sich der Brustkorb Ihres Hundes hebt. Diesen Wert verdoppeln Sie. Die Atemfrequenz ist erhöht bei Hitze und nach körperlicher Anstrengung, aber z.B. auch bei Schmerzen, Herz- oder Lungenerkrankungen.

Puls

Der Puls (Seite 125) ist beim Hund am Besten an der großen Oberschenkelarterie tastbar. Sie verläuft auf der Innenseite des Oberschenkels oberhalb des Kniegelenks. Legen Sie Ihre flache Hand auf die Innenseite des Oberschenkels und umfassen Sie das Knie. Nun ziehen Sie Ihre Hand langsam zurück. Dabei gleiten Ihre Finger über Muskeln und Sehnen. Ziemlich genau in der Mitte des Oberschenkels ist die Arterie tastbar. Die Wellenbewegung ist bei leichtem Druck mit den Fingern spürbar. Zählen Sie die Pulsschläge eine halbe Minute und verdoppeln Sie den Wert. So erhalten Sie den Puls pro Minute.

TIPP

Die Pulsmessung ist nicht ganz einfach und erfordert etwas Übung. Deshalb sollten Sie sie immer mal wieder durchführen.

Umgang mit dem kranken Hund

Unfälle oder Krankheitsfälle passieren immer dann, wenn gerade niemand helfen kann, wie nachts oder am Wochenende.

Um für den Notfall gerüstet zu sein, fragen Sie rechtzeitig bei Ihrem Tierarzt, wie der Wochenenddienst in seiner Praxis geregelt ist.

Versuchen Sie bei Unfällen Ruhe zu bewahren, rennen Sie nicht hektisch umher, denn Ihr Hund wird sich in einer Notfallsituation an Ihrem Verhalten als Rudelführer orientieren.

Bei Vergiftungen siehe Maßnahmen, Seite 60.

Zur Ersten Hilfe bei Hunden in Notfallsituationen siehe weiterführende Literatur, Seite 126.

Achtung!

Bedenken Sie, dass Ihr Hund in einer Notsituation oder wenn er krank ist anders reagieren kann, als Sie es von ihm gewöhnt sind. Auch der liebste Hund kann plötzlich zubeißen. Dem müssen Sie als verantwortungsvoller Tierbesitzer Rechnung tragen. Üben Sie deshalb die im Folgenden geschilderten Nothilfemaßnahmen mit Ihrem Hund spielerisch, dann werden Sie beide im Not- oder Krankheitsfall nicht noch zusätzlich mit einer neuen Situation konfrontiert.

Schnauze zubinden

Diese Vorsichtsmaßnahme ist notwendig, um zu verhindern, dass der Hund zubeißt. Die Atmung wird dabei nicht behindert (außer Hecheln), da das Band über dem knöchernen Teil der Schnauze verläuft.

Als Schnauzband eignet sich am Besten eine elastische Binde. Da diese auf einem Spaziergang aber meist nicht greifbar ist, können Sie auf Ihren BH, die Hundeleine oder eine Krawatte zurückgreifen.

So wird's gemacht: Formen Sie eine Schlinge. Diese legen Sie kurz vor den Augen um die Schnauze, so dass der Knoten oben liegt. Nun ziehen Sie den Knoten so fest zu, dass Ihr Hund das Maul nicht mehr öffnen kann. Überkreuzen Sie nun die Schlingenenden unter dem Kinn des Hundes, führen sie hinter den Ohren nach oben und verknoten sie dort.

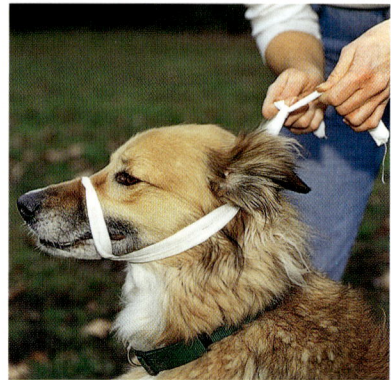

Der Schnauzverband sollte so fest sein, dass der Hund sein Maul nicht mehr öffnen kann.

Tragen eines verletzten Hundes

➤ Sie sind allein und der Hund wiegt bis etwa 20 kg:
Knien Sie sich seitlich neben den Hund. Mit einem Arm umfassen Sie seine Brust, mit dem anderen umgreifen Sie sein Hinterteil, dann heben Sie ihn hoch.

➤ Der Hund ist schwerer als 20 kg:
Der Hundehalter legt einen oder beide Arme unter die Brust des Hundes. Bei zappelnden Hunden greift man mit einer Hand zusätzlich ins Halsband, um den Hund festzuhalten. Die zweite Person fasst den Hund unter dem Bauch und umfasst die Hinterschenkel.

➤ Bei schweren Verletzungen oder Verdacht auf Wirbelsäulenverletzung:
In diesen Fällen ist es besser, den verletzten Hund in einer Decke oder auf einem Brett zu transportieren.

Ein kranker Hund sollte nicht vom Rudel isoliert werden.

Vor und nach Operationen

Bei einer geplanten Operation muss Ihr Hund etwa 12 Stunden vor dem Termin nüchtern bleiben, das heißt, er darf nur noch Wasser trinken, aber keine feste Nahrung zu sich nehmen. Da einige Narkosemittel Brechreiz hervorrufen, besteht die Gefahr, dass der Hund sich beim Einschlafen an dem Erbrochenen verschluckt und daran erstickt.
Achten Sie darauf, dass Ihr Hund nicht zu verdreckt zur Operation erscheint. Die Reinigung eines verschmutzten Hundes kostet den Tierarzt Zeit und ist ein zusätzlicher Kostenfaktor für Sie.
Nach der Operation wird der Tierarzt Ihnen Anweisungen geben, wie Sie mit Ihrem Tier zu verfahren haben. Grundsätzlich gilt:

➤ Den Hund warm lagern, da eine Narkose immer mit einem Absinken der Körpertemperatur verbunden ist.

➤ Falls der Hund nach der Operation noch nicht bei Bewusstsein ist, bereiten Sie ihm an einem ruhigen Platz sein Lager, legen ihn auf seine rechte Seite und sorgen dafür, dass er ungehindert atmen kann.

➤ Falls die Zunge des Hundes heraushängt, stopfen Sie sie nicht in die Mundhöhle zurück, sonst besteht die Gefahr, dass sie sich in den Rachen umstülpt und dadurch den Luftröhreneingang verlegt.

TIPP

Beziehen Sie den kranken Hund, soweit es geht, in das Familienleben mit ein. Richten Sie ihm ein Lager möglichst zentral und zugfrei ein, so dass er alles verfolgen kann.

Untersuchen und behandeln

➤ Nach einer Operation sollten Sie den Hund erst wieder füttern, wenn er vollständig wach ist und ohne zu Schwanken geradeaus laufen kann.

Medikamente eingeben

➤ Halten Sie sich an die Anweisungen des Tierarztes.
➤ Setzen Sie ein Medikament nicht ab, auch wenn Sie das Gefühl haben, dass die Erkrankung schon viel besser ist oder dass eine niedrigere Dosierung des Mittels Ihrem Hund besser bekommt. In vielen Fällen verschlimmern Sie die Erkrankung damit nur unnötig.
➤ Informieren Sie den Tierarzt über Nebenwirkungen, so dass er mit Ihnen über eine alternative Therapie entscheiden kann.
➤ Wenn Sie Medikamente nicht eingeben können, weil Ihr Hund sich wehrt, informieren Sie den Tierarzt, er wird alternative Wege der Medikamentenapplikation suchen.

Tabletten eingeben

➤ Maul öffnen, Tablette auf den Zungengrund weit hinten in der Mundhöhle legen, Mund schließen und den Hals etwas massieren, um den Hund zum Schlucken anzuregen.
➤ Falls das nicht klappt, Tablette in etwas Leberwurst oder Käse einwickeln. Dem Hund erst einige leere

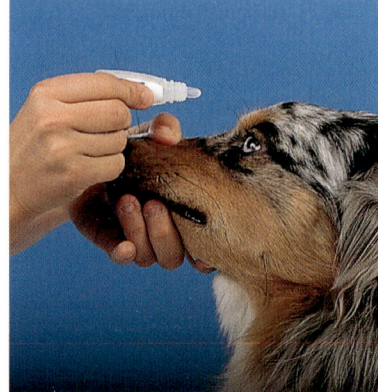

Achtung: Beim Eintropfen nicht das Auge berühren!

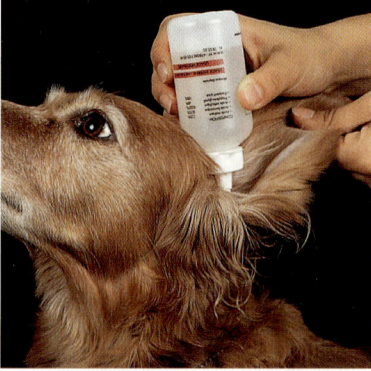

Die Ohrentropfen müssen tief in den Gehörgang massiert werden.

Mittels Einmalspritze ohne Nadel kann man Tropfen oder Tabletten verabreichen.

Leckerlikügelchen geben und zwischendrin das Kügelchen mit der Tablette.

➤ Falls das nicht klappt, die Tablette zerkleinern, in etwas Wasser auflösen und mit einer Einmalspritze ohne Nadel die Lösung seitlich in den Mund träufeln.

Tropfen eingeben

➤ Die Tropfen auf einen Löffel geben und vom Hund ablecken lassen.
➤ Falls das nicht klappt, die Tropfen in eine Einmalspritze ohne Nadel füllen und den Inhalt dem Hund seitlich in die Lefzen träufeln. Das geht am Besten, wenn der Hund seinen Kopf etwas anhebt.

Augentropfen oder -salben

Tropfen: Spreizen Sie die Lider Ihres Hundes und träufeln Sie die Augentropfen direkt auf den Augapfel.
Salbe: Ziehen Sie das Unterlid Ihres Hundes etwas nach unten und geben Sie einen Streifen Salbe auf die Innenseite des Unterlides. Danach drücken Sie die Lider zusammen und reiben sie etwas hin und her, damit sich die Augensalbe verteilen kann.
Achtung: Passen Sie auf, dass Sie das Auge dabei nicht mit der Flasche oder Tube berühren, um dem Hund nicht weh zu tun und Verunreinigungen an Flasche/Tube zu vermeiden.

Ohrentropfen und -salben

Der Gehörgang des Hundes ist sehr lang und gebogen, deshalb ist es wichtig, dass Salben und Tropfen auch in die Tiefe des Gehörgangs gelangen.
Die meisten Ohrensalben haben einen biegsamen Aufsatz. Schieben Sie diesen, soweit Sie können, in den äußeren Gehörgang des Hundes. Massieren Sie den Gehörgang, nachdem Sie die Salbe oder die Tropfen verabreicht haben, damit das Medikament auch in die Tiefe des Gehörgangs gelangt.
Die Ohrenbehandlung führen Sie am Besten im Freien oder im Bad durch. Der Hund schüttelt nach der Behandlung den Kopf, dabei können fettige Salbenreste an die Wand gelangen.

Wundsalben

Achten Sie darauf, dass keine Haare in die Wunde ragen und mit der Wundsalbe verkleben. Scheren Sie, falls erforderlich, die Haare um die Wunde. Dann tragen Sie so viel Salbe auf, dass die Wunde vollständig bedeckt ist.
Achtung: Puder sind zur Behandlung von offenen Wunden ungeeignet. Sie bilden zusammen mit dem Wundsekret meist eine harte Kruste auf der Wunde. Es kann keine Luft mehr an die Wunde gelangen, und die Heilung wird verzögert.

Verbände

Druckverband bei stark blutenden Wunden

Reinigen Sie die Wunde mit Wasserstoffperoxid (Tierapotheke) oder mit klarem Wasser. Legen Sie eine Mullkompresse oder ein Stück fusselfreies Tuch (notfalls auch einen Socken) auf die Wunde. Befestigen Sie dies mit einer elastischen Binde aus Ihrer Tierapotheke (im Notfall tut es auch ein BH, Krawatte, Schal o. Ä.). Ziehen Sie die Binde fest an.

Achtung: Den Druckverband sollten Sie keinesfalls länger als 30 Minuten belassen, sonst stirbt das umliegende Gewebe ab.

Schienenverband bei Knochenbruch

Eine dicke Rolle aus Zeitungspapier ist am Besten geeignet als Schienenmaterial. Diese bietet genügend Stabilität, ist aber gleichzeitig weich genug, um keine Druckstellen zu verursachen. Beim Schienenverband müssen immer die dem Knochenbruch benachbarten Gelenke mit in den Verband einbezogen werden. Das heißt, dass oberhalb des Knie- oder Ellbogengelenks keine Schienen angebracht werden können.

So wird's gemacht: Legen Sie die Zeitungsrolle auf der Unterseite der Pfote an und wickeln Sie eine elastische Binde um Zeitung und Pfote. Ziehen Sie diese Binde stramm an, denn ein rutschender Schienenverband schadet mehr als er nutzt.

Pfotenverband

Diesen Verband benötigen Sie bei allen Verletzungen an den Pfoten. Er dient zum Schutz der Wunde vor Verschmutzungen, stabilisiert schmerz-

Eine Rolle Zeitungspapier als Schiene auf der Pfotenunterseite anlegen ...

... und eine elastische Binde stramm um Zeitung und Pfote wickeln.

hafte Prozesse (wie Zehenfrakturen) und hindert den Hund am Belecken der Wunde.

So wird's gemacht: Eine Wunde reinigen Sie unter klarem Wasser oder mit Wasserstoffperoxid (Tierapotheke). Scheren Sie die Haare, die in die Wunde ragen. Geben Sie etwas Wundsalbe auf eine Mullkompresse und decken die Wunde damit ab. Zwischen die einzelnen Zehen legen Sie Wattestreifen, um das Aneinanderreiben der Zehen zu verhindern. Vergessen Sie nicht, die Afterkrallen zu unterpolstern. Nun wickeln Sie einige Lagen synthetische Polsterwatte um die Pfote bis etwa zum Handwurzel- oder Sprunggelenk. Dann umwickeln Sie die Pfote mit einer elastischen Binde. Ziehen Sie diese stramm an, um zu verhindern, dass der Hund den Verband abschüttelt. Prüfen Sie den Sitz des Verbandes.

Achten Sie darauf, dass der Verband nicht nass wird, und wechseln Sie ihn spätestens jeden zweiten Tag.

Ohrenverband

Den Ohrenverband benötigen Sie bei blutenden Verletzungen des Ohrlappens oder beim Blutohr (Seite 78), um den Hund daran zu hindern, sich den verletzten Ohrlappen durch Kopfschütteln anzuschlagen. Zudem kann der Hund durch Kopfschütteln bei einer Ohrlappenverletzung das

Überprüfen des Verbandes auf Festigkeit

Zwischen Verband und Fell müssen sich zwei Finger einschieben lassen. Ist dies nicht der Fall, ist der Verband zu stramm und Sie müssen ihn erneuern.

Blut gleichmäßig in der Umgebung verteilen.

So wird's gemacht: Bei Hängeohren klappen Sie den Ohrlappen zum Stehohr hoch. Nach Reinigung und Desinfektion der Wunde bedecken Sie diese mit einer Mullkompresse und klappen den Ohrlappen nach hinten, so dass er auf dem Kopf zu liegen kommt. Um den Kopf wickeln Sie nun eine elastische Binde, einmal vor dem unverletzten Ohr und einmal dahinter. Dieser Verband ist nicht gepolstert, deswegen müssen Sie ihn unbedingt auf Elastizität überprüfen.

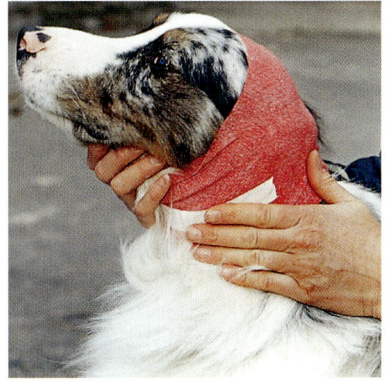

Der Ohrenverband ist nötig bei stark blutenden Verletzungen des Ohrlappens.

Krankheiten ...

➤ ... den ganzen Hund 46
betreffend

➤ ... im Kopfbereich 70

➤ ... im Rumpfbereich 80

➤ ... der Harn- und 98
Geschlechtsorgane

➤ ... des Bewegungs- 108
apparates

➤ Organ- und Skelett- 116
system

... den ganzen Hund betreffend

In diesem Kapitel finden Sie Erkrankungen, die den Hund als Ganzes betreffen oder überall am Körper auftreten können. Typische Beispiele hierfür sind Infektionskrankheiten oder Bissverletzungen.

➤ Allergien: Zielorgan von Allergien beim Hund ist die Haut. Allergische Probleme äußern sich zumeist durch Hautentzündungen.

➤ Wenn Sie Parasiten auf der Haut Ihres Hundes dingfest gemacht haben, nehmen Sie diese mit zum Tierarzt. Bei vermutetem Parasitenbefall waschen Sie Ihren Hund nicht vor dem Gang zum Tierarzt. Sie entfernen die Parasiten aus dem Fell und machen es dem Tierarzt unmöglich, diese zu finden.

➤ Für die Untersuchung auf Würmer benötigt der Tierarzt eine Stuhlprobe. Füllen Sie etwas Kot in ein sauberes Marmeladenglas. Oder besorgen Sie sich ein Kotröhrchen in der Apotheke oder beim Tierarzt, in das Sie mit einem beiliegenden kleinen Löffel den Kot füllen können.

➤ Um einem Hitzschlag beim Transport im heißen Auto im Sommer vorzubeugen, ziehen Sie Ihrem Hund ein T-Shirt über, das Sie immer wieder mit kaltem Wasser befeuchten. Die Verdunstungskälte kühlt den Hund.

Das finden Sie in diesem Kapitel

➤ Allergien (Seite 47)
➤ Hauterkrankungen (Seite 47–52)
➤ Blutkrankheiten (Seite 53)
➤ Drüsenerkrankungen (Seite 54–56)
➤ Einzellige Parasiten (Seite 57–59)
➤ Epilepsie (Seite 59)
➤ Vergiftungen (Seite 60)
➤ Infektionskrankheiten (Seite 61–66)
➤ Wurmerkrankungen (Seite 66–67)
➤ Notfälle (Seite 68–69)

ALLERGIEN/ATOPISCHE DERMATITIS

Was hat Ihr Hund?

➤ Juckreiz
➤ Pusteln, Ekzem, gerötete Haut
➤ Schuppen, Krusten, Haarausfall
➤ Eiterpickel, Ohrenentzündungen

Ursache

Beim Hund ist die Haut das Zielorgan von Allergien. Allergie auslösende Stoffe können

• eingeatmet werden, wie Pollen, Hausstaubmilben, Pilzsporen;
• geschluckt werden oder im Körper wirken, wie Futtermittel, Medikamente, Insektenstiche;
• durch direkten Kontakt wirken, wie verchromte Halsbänder oder Waschmittelzusätze als Rückstände auf der Decke oder im Hundekorb.

Was können Sie tun?

➤ Abklärung, ob Inhalationsallergie (Allergen wird eingeatmet), Futtermittelallergie oder Kontaktallergie vorliegt.
Der Tierarzt wird zu einer Futterumstellung raten und einen Allergietest machen.
➤ Bei nachgewiesener Allergie Hyposensibilisierung mit Spritzenkuren, oft lebenslang
➤ Eventuell Antibiotikagaben bei eitrigen Entzündungen
➤ Waschung mit Juckreiz stillenden Shampoos
➤ Einreibung mit antibiotischen Salben, die meist etwas Kortison enthalten, sowie Kortison in Tablettenform

BAKTERIELLE HAUTERKRANKUNGEN

Was hat Ihr Hund?

➤ Pusteln, Rötungen; Juckreiz, der mit Kratzen, Beißen oder Belecken einhergeht – entweder am ganzen Körper oder lokal

Ursache

• Parasiten, wie Flöhe, Milben, Haarlinge oder Zecken
• Gestörte Talgproduktion der Haut
• Seborrhoische Dermatitis (Hautentzündung mit Schuppenbildung) bei älteren Hunden, vor allem Cocker Spaniels
• Entzündungen der Haarbälge (Follikulitis), besonders an Kopf und Augen beim jungen Hund
• Eingetretene Dornen, Fremdkörper, zurückgebliebene Teile von Zecken
• Hautinfektionen, die der Hund benagt

Was können Sie tun?

➤ Bei Erkrankungen durch Parasiten Waschung mit antiparasitären Mitteln, Scheren der betroffenen Region, Desinfizieren mit Wasserstoffperoxid, Auftragen antiseptischer oder antibiotikahaltiger Salben, Verband
➤ Durch eine Halskrause (Seite 96) den Hund am Beißen und Lecken hindern
➤ Bei gestörter Talgproduktion Waschung mit medizinischen Bädern vom Tierarzt
➤ Reicht die lokale Therapie nicht aus, werden häufig Antibiotika in Tablettenform gegeben.
➤ Bei Pfotenentzündungen Pfotenbäder mit Kamille und Verbände

Haarausfall, Hauterkrankungen

HAARAUSFALL

Was hat Ihr Hund?

➤ Haarverlust, kahle Stellen in verschiedener Ausdehnung, bis hin zu völlig kahlem Körper
➤ Haare wachsen nicht richtig nach

Ursache

- Parasitäre oder bakterielle Hauterkrankungen, die mit Juckreiz einhergehen
- Kreisrunde, haarlose Stellen können auf Pilzinfektionen hindeuten.
- Übermäßiger Haarverlust oder Haarbruch beim Sommer-/Winterfell
- Hormonelle Störungen bei Mangel an Wachstumshormonen, bei Schilddrüsenproblemen, hormonell aktiven Tumoren (Hodentumoren), Cushing-Syndrom (Seite 54)
- Allergie
- Bestimmte Vergiftungen
- Schwere Allgemeinerkrankungen
- Massive Verwurmung

Was können Sie tun?

➤ Durch spezielle Untersuchungen stellt der Tierarzt seine Diagnose. Die ursächlichen Erkrankungen müssen behandelt werden.
➤ Behandlung parasitärer Erkrankungen mit antiparasitären Medikamenten
➤ Pilzinfektionen, hormonelle Störungen und Vergiftungen müssen vom Tierarzt gezielt behandelt werden. Hierzu kann die Entnahme von Hautproben, vielleicht sogar unter Narkose, Blut- und Haarproben notwendig sein.

HAUTERKRANKUNGEN, DIE DURCH EINE STÖRUNG DES IMMUNSYSTEMS VERURSACHT WERDEN

Was hat Ihr Hund?

➤ Juckreiz, Pusteln, Wasserbläschen
➤ Später krustig-eitriger Schorf, vor allem am Übergang von Haut zu Schleimhaut, besonders an Kopf, After, Pfoten
➤ Manchmal Fieber und Lymphknotenschwellungen
➤ Besonders betroffen sind junge Hunde.

Ursache

- Körper bildet Antikörper gegen die verschiedenen Hautzellen. Dies führt zu massiven Entzündungen.
- Erkrankungen der Haut, verursacht durch Störungen des Immunsystems, wie Blasensucht (Pemphigus), Wolf (Lupus), Fisteln am After (Seite 83), Collie Nose (Seite 124)

Was können Sie tun?

➤ Genaue Diagnosestellung ist nur durch den Tierarzt möglich. Meist wird eine Hautbiopsie benötigt. Hierfür werden meist in Narkose an verschiedenen Stellen kleine Hautstücke ausgestanzt und zur Untersuchung an ein Speziallabor geschickt.
➤ In der Regel sind diese Erkrankungen nicht heilbar. Waschungen mit antibakteriellen Shampoos, Antibiotika gegen parallel bestehende bakterielle Hautinfektion, Kortisongaben
➤ Oft ist die Erkrankung nicht kontrollierbar und die Tiere müssen eingeschläfert werden.
➤ Kommt oft bei Collies und Schäferhunden vor.

HAUTMANIFESTATION VON ERKRANKUNGEN INNERER ORGANE

Was hat Ihr Hund?

➤ Schütteres Fell, Haarausfall
➤ Trockene Haut
➤ Milder Juckreiz
➤ Dunkelverfärbung der Haut

Ursache

• Erkrankungen innerer Organe, die zu Hautstoffwechselstörungen führen:
  Wachstumshormonmangel, Seite 55
  Hodentumoren, Seite 105
  Staupe, Seite 64
  Leishmaniose, Seite 58
• Schilddrüsenunterfunktion, Seite 56
• Nebennierenrindenüberfunktion, Seite 54

Was können Sie tun?

➤ Wachstumshormonmangel: keine Therapie möglich
➤ Hodentumoren: Kastration
➤ Staupe: Präparate, die Antikörper gegen das Virus enthalten, begleitend Antibiotika
➤ Leishmaniose: antiparasitär wirksame Medikamente
➤ Bei Schilddrüsenunterfunktion wird dem Hund das fehlende Hormon in Tablettenform verabreicht.
➤ Bei Nebennierenrindenüberfunktion meist operative Entfernung der vorhandenen Tumoren oder Therapie mit Medikamenten, die das Zellwachstum verhindern.

HAUTTUMOREN

Was hat Ihr Hund?

➤ Mit der Haut verwachsene oder unter der Haut verschiebbare Knoten, die stecknadelkopf- bis faustgroß werden können. Kommen überall am Hundekörper vor.
➤ Die Knoten können weich bis steinhart sein.
➤ Besonders betroffen sind Schnauzer und Boxer.

Ursache

• Gutartige Tumoren, Fettgewebsgeschwülste oder bösartige Hautgeschwülste
• Verstopfte Talgdrüsen (Atherome)
• Fremdkörperreaktionen auf Zeckenbisse oder Impfungen
• Blutergüsse

Was können Sie tun?

➤ Letztlich kann nur der Tierarzt sicher diagnostizieren, um welche Art von Geschwulst es sich handelt. Manchmal ist dazu die operative Entfernung der Geschwulst und die Untersuchung des entnommenen Gewebes in einem Speziallabor notwendig.
➤ Auch Geschwülste in der Haut bei jungen Hunden können bösartig sein.
➤ Atherome punktieren, das heißt, mit einer Kanüle hineinstechen und den Inhalt durch die Kanüle entleeren. Füllt sich das Atherom wieder oder ist der Inhalt zu dickflüssig oder bröselig, dann muss es operativ entfernt werden.

HAUTPILZINFEKTIONEN

Was hat Ihr Hund?

➤ Schuppende, oft kreisrunde haarlose Stellen, Juckreiz, Rötung
➤ Besonders betroffen sind Kopf und Nägel.

Ursache

• Infektion mit Hautpilzen, die auch für den Menschen ansteckend sein können

Was können Sie tun?

➤ Pilzinfektionen müssen mit Waschungen, Emulsionen oder Cremes gezielt behandelt werden. Der Tierarzt stellt die Diagnose durch Untersuchung einer Hautprobe oder mittels einer speziellen Untersuchungslampe.
➤ Die Behandlungsdauer beträgt im Durchschnitt mindestens 3 Wochen.
➤ Es gibt einen Impfstoff, der sowohl zur Vorbeugung von Hautpilzinfektionen als auch zur Therapie eingesetzt werden kann.

Kratzt sich der Hund, sollten Sie sein Fell auf Parasiten untersuchen.

FLÖHE

Was hat Ihr Hund?

➤ Juckreiz, Benagen des Fells
➤ Typisch sind ruckartige Beißbewegungen meist an der Kruppe oder den Hinterschenkeln.
➤ Pusteln, Rötungen, Bläschen
➤ Durch intensives Benagen können große Wundflächen entstehen, die zu einer bakteriellen Hauterkrankung (Seite 47) werden.

Ursache

• Befall mit Hunde- oder Katzenflöhen
• Flohbefall kann man erkennen durch das Auskämmen einzelner Flöhe. Diese kleinen, platten dunkelbraunen bis schwarzen Tierchen laufen sehr schnell auf der Hautoberfläche. Flohkot ist im Fell in Form von kleinen schwarzen Krümeln erkennbar, die wie getrockneter Dreck aussehen. Gibt man den Flohkot auf ein nasses Taschentuch, färbt es sich durch das im Flohkot enthaltene Blut rot.

Was können Sie tun?

➤ Waschung mit antiparasitären Shampoos, die Sie vom Tierarzt oder im Zoofachhandel bekommen
➤ Sprays, Flohhalsbänder, Flohtropfen
➤ Umgebung auf jeden Fall auch behandeln, da Flöhe Eier ablegen, die zur erneuten Infektion des Hundes führen können
➤ Unbedingt im Anschluss an eine Flohbehandlung entwurmen, denn Flöhe können Bandwürmer übertragen

ZECKEN

Was hat Ihr Hund?

➤ Krusten, Juckreiz, Schwellung
➤ Fest sitzende Zecken, v. a. an Kopf und Hals

Ursache

• Befall mit Zecken

Was können Sie tun?

➤ Herausdrehen der Zecken mit den Fingern oder einer Zeckenzange
➤ Zecken haben häufig Bakterien an ihren Mundwerkzeugen, die zu eitrigen Entzündungen und Schwellungen führen. Die Einbohrstelle mit Wasserstoffperoxid desinfizieren und eine antibiotische Wundsalbe auftragen
➤ Zur Zeckenprophylaxe dienen antiparasitäre Halsbänder, Floh- und Zeckentropfen, antiparasitäre Sprays und Puder.

MERKE!
Zecken können verschiedene Krankheiten auf den Hund übertragen: Borreliose, Seite 61, Babesiose, Seite 57, FSME, Seite 62, Ehrlichiose, Seite 58.

Zum Entfernen von Zecken gibt es spezielle Zeckenzangen.

CHEYLETIELLEN, HERBSTGRAS-MILBEN, LÄUSE, HAARLINGE

Was hat Ihr Hund?

➤ Juckreiz
➤ Schuppen, stumpfes Fell
➤ Eiterpusteln
➤ **Cheyletiellen:** besonders bei jungen Hunden große Schuppen, auch wandernde Schuppen genannt
➤ **Herbstgrasmilben:** rostähnliche Flecken vor allem am Kopf und zwischen den Zehen
➤ **Läuse und Haarlinge:** Eier (Nissen) kleben an den Haaren, die Haare sehen stumpf aus, die Haarenden sind manchmal aufgeraut.

Ursache

• Befall mit einem der genannten Parasiten. Die Übertragung erfolgt durch Kontakt mit infizierten Tieren, auch Katzen oder Igeln.

Was können Sie tun?

➤ Waschung einmal pro Woche mit antiparasitären Shampoos über 3 Wochen
➤ Antiparasitäre Sprays
➤ Antiparasitäre Spot-on-Präparate
➤ Präparate, die die Vermehrung der Parasiten unterbinden
➤ Wund gelleckte Stellen oder Eiterpickel zusätzlich desinfizieren mit Wasserstoffperoxid oder einem anderen Desinfektionsmittel aus der Tierapotheke. Antibiotische oder antiparasitäre Wundsalbe auftragen, falls notwendig Haare scheren.

RÄUDE (SARKOPTESMILBE)

Was hat Ihr Hund?

➤ Massiver Juckreiz, Schuppen, Borken, Haarausfall
➤ Bakterielle Hautentzündung, entstanden durch Benagen

Ursache

• Befall mit Räudemilben. Diese winzigen, mit dem bloßen Auge nicht mehr sichtbaren Parasiten bohren Gänge in die Haut und legen dort auch ihre Eier ab.

Was können Sie tun?

➤ Die Diagnose kann nur durch den Tierarzt gestellt werden. Hierzu werden Hautproben entnommen oder eine Blutuntersuchung durchgeführt.
➤ Nach gesicherter Diagnose Ganzkörperwaschung mit speziellen Lösungen, antiparasitäre Lösungen werden eingegeben oder als Spot-on-Präparat (Seite 125) auf das Nackenfell getropft.
➤ Behandlungsdauer mindestens 4 bis 6 Wochen
➤ Die Räudemilben können auch den Menschen befallen und zu juckenden Ekzemen an Unterarmen und Bauch führen. Diese heilen aber von allein wieder ab.
➤ Andere im gleichen Haushalt lebende Hunde müssen unbedingt mit behandelt werden.

MERKE!
Im Anschluss an eine Räudemilbenerkrankung entwickeln Hunde häufig Allergien.

RÄUDE (DEMODEXMILBE)

Was hat Ihr Hund?

➤ Mottenfraß ähnliche haarlose Stellen, vor allem an Kopf und Gliedmaßen, wenig Juckreiz
➤ Bei fortgeschrittener Erkrankung massives Ekzem am ganzen Körper mit Eiterpickeln und Haarausfall
➤ Häufig sind Hunde unter einem Jahr betroffen.

Ursache

• Befall mit Demodexmilben
• Diese winzigen Milben leben in den Haarbälgen und knabbern die Haare praktisch in der Wurzel ab, so dass es zu Haarausfall kommt.

Was können Sie tun?

➤ Die Diagnose wird vom Tierarzt nach Entnahme von Hautproben gestellt.
➤ Einreibung oder Ganzkörperwaschung mit einer speziellen antiparasitären Lösung

MERKE!
Bei Ganzkörperbefall kann eine angeborene Immunschwäche zugrunde liegen.

Häufiges Wälzen im Gras kann auf Parasitenbefall des Fells hindeuten.

ANÄMIE

Was hat Ihr Hund?

➤ Blasse porzellanfarbene oder gelblich verfärbte Schleimhäute
➤ Müdigkeit, Appetitlosigkeit, Atemnot, Kollaps

Ursache

- Blutverluste nach Unfällen
- Tumoren des Blut bildenden Systems
- Erkrankungen des Knochenmarks bei Autoimmunkrankheiten oder Vergiftungen
- Mangelernährung
- Massiver Befall mit Blut saugenden Parasiten, die die roten Blutkörperchen zerstören (Babesiose, Seite 57, Leishmaniose, Seite 58)
- Anämie ist keine eigenständige Erkrankung, sondern ein Symptom. Sie kommt zustande durch Verminderung der roten Blutkörperchen (Erythrozyten, Seite 125) oder des in ihnen enthaltenen roten Blutfarbstoffes (Hämoglobin).

Was können Sie tun?

➤ Bei akuter Blutung Erste-Hilfe-Maßnahmen, Blutstillung und sofort zum Tierarzt
➤ Eine akute Anämie wird mit Infusionen oder Bluttransfusionen behandelt.
➤ Bei einer chronischen Anämie muss die Grundkrankheit abgeklärt und behandelt werden.
➤ Vor einem Urlaubsaufenthalt in südlichen Ländern empfiehlt sich Zeckenprophylaxe, um zu verhindern, dass die in den roten Blutkörperchen schmarotzenden Parasiten übertragen werden.

LEUKOSE (LEUKÄMIE, BLUTKREBS)

Was hat Ihr Hund?

➤ Müdigkeit, Fieber, Appetitlosigkeit
➤ Stark verdickte Lymphknoten, manchmal ist auch nur ein Lymphknoten betroffen.
➤ Je nach Lokalisation der Erkrankung Ausfall des betroffenen Organs
➤ Meist sind ältere Hunde betroffen.
➤ Bei jungen Tieren meist rasche Verschlechterung des Krankheitsbildes trotz Therapie

Ursache

- Unter Leukose versteht man die Wucherung von Zellen des Blut bildenden Systems oder des Immunsystems. Diese Zellwucherungen machen sich in den Lymphknoten bemerkbar, die nicht nur unter der Haut zu tasten sind, sondern sich auch in allen Organen befinden.
- Häufig befinden sich durch Leukose bedingte Tumoren in der Milz.

Was können Sie tun?

➤ Zur Diagnosestellung muss eine so genannte Feinnadelbiopsie eines betroffenen Lymphknotens durchgeführt werden. Mit einer Nadel wird etwas Gewebe aus dem Lymphknoten abgesaugt und von einem Speziallabor untersucht.
➤ Durch Kortisongaben und Chemotherapie lässt sich die Krankheit in manchen Fällen etwas zurückdrängen.
➤ Die Heilungsaussichten sind schlecht, meist müssen die Hunde eingeschläfert werden.

Drüsenerkrankungen

ADDISON-SYNDROM

Was hat Ihr Hund?

➤ Mattigkeit
➤ Abmagerung, schlechter Appetit
➤ Durchfall, Erbrechen
➤ Taumeln, Kreislaufschwäche bis hin zum völligen Zusammenbruch und Tod

Ursache

• Es liegt eine Unterfunktion der Nebennierenrinde vor. Die dort gebildeten Hormone beeinflussen den Kohlenhydrat- und Mineralstoffwechsel.
• Die Unterfunktion wird durch Autoimmunkrankheiten, Verletzungen oder Tumoren hervorgerufen.
• Auch das plötzliche Absetzen einer Kortisontherapie kann Auslöser sein.

Was können Sie tun?

➤ Die Erkrankung ist lebensbedrohlich und muss sofort von einem Tierarzt behandelt werden!
➤ Die Diagnose kann nur vom Tierarzt gestellt werden. Hierzu sind Blutuntersuchungen, EKG und Hormontests notwendig.
➤ Anfänglich Behandlung mit Infusionen und Injektionen
➤ Später lebenslange Therapie mit Hormontabletten. Die unzureichend gebildeten Nebennierenrindenhormone müssen verabreicht werden.

CUSHING-SYNDROM

Was hat Ihr Hund?

➤ Vermehrter Durst, dicker Bauch
➤ Haarausfall meist beidseitig an den Flanken
➤ Dünne Haut, manchmal Hautentzündungen
➤ In vielen Fällen sind die Hunde gleichzeitig zuckerkrank (Seite 81).
➤ Vor allem ältere Kleinhunderassen sind häufig betroffen.

Ursache

• Es liegt eine Überfunktion der Nebennierenrinde vor. Das dort produzierte Kortisol (Kortison) kann in hoher Ausschüttung zu Zuckerkrankheit und anderen Stoffwechselstörungen führen.
• Die Erkrankung entsteht durch Tumoren in der Nebennierenrinde oder in übergeordneten Steuerzentren, die die Nebennierenrinde zu erhöhter Kortisolausschüttung veranlassen.
• Die Kortisontherapie kann auch Auslöser für die Krankheit sein.

Was können Sie tun?

➤ Die Diagnose wird vom Tierarzt mittels Bluttests, Harnuntersuchung, Ultraschall und Röntgen gestellt.
➤ Tumoren der Nebennierenrinde können operativ entfernt werden.
➤ Ist dies nicht möglich, kann die Therapie mit einem Medikament versucht werden, welches das Zellwachstum verhindert (Zytostatikum).
➤ Die Therapie ist kostenintensiv und schwierig.

DIABETES INSIPIDUS

Was hat Ihr Hund?

- ➤ Unsauberkeit
- ➤ Absetzen häufig großer Mengen hellen, wässrigen Urins
- ➤ Kann Urin nicht halten
- ➤ Vermehrter Durst

Ursache

- Störung in den Nieren oder einem übergeordneten Steuerzentrum
- Die Nieren sind nicht ausreichend in der Lage, Wasser im Körper zu halten.

Was können Sie tun?

- ➤ Die Diagnosestellung ist nur durch den Tierarzt möglich. Hierzu sind Harn- und Blutuntersuchungen nötig.
- ➤ Liegt eine Störung in einem übergeordneten Steuerzentrum vor, lässt sich die Erkrankung mit Tropfen behandeln.

Ein Begleitsymptom vieler Krankheiten ist übermäßiges Trinken.

WACHSTUMSHORMONMANGEL

Was hat Ihr Hund?

- ➤ Bei Welpen: Ungenügendes Wachstum, etwa ab dem zweiten Lebensmonat bleiben die Hunde im Wachstum zurück. Sie behalten ihr welpenähnliches Aussehen. Die Welpenhaare bleiben am Kopf und an den Gliedmaßen erhalten. Am restlichen Körper fällt das Haar aus, die Haut wird dunkel.
- ➤ Bei erwachsenen Hunden: Haarausfall, meist beidseitig an den Flanken. Die Haut an den betroffenen Stellen wird dunkel.
- ➤ Kommt häufig bei Airdale Terriern, Chow Chows und Pudeln vor

Ursache

- Mangel an Wachstumshormon, meist als Folge einer Störung in der Hirnanhangdrüse

Was können Sie tun?

- ➤ Die Diagnose kann mittels Blutuntersuchungen vom Tierarzt gestellt werden.
- ➤ Die Krankheit verschwindet bei erwachsenen Hunden beim nächsten Fellwechsel meist von allein.
- ➤ Bei Welpen gibt es keine Therapie.
- ➤ Da die Erkrankung erblich ist, sollten die Elterntiere der betroffenen Welpen von der Zucht ausgeschlossen werden.

Drüsenerkrankungen

SCHILDDRÜSENUNTERFUNKTION

Was hat Ihr Hund?

➤ Müdigkeit
➤ Gewichtszunahme, vermehrter Appetit
➤ Glanzloses stumpfes Fell, Haarausfall, manchmal beidseitig an den Flanken
➤ Verdickte Haut
➤ Trauriger Gesichtsausdruck
➤ Die Krankheit tritt bei mittelalten bis alten Hunden häufiger auf als bei jungen.

Ursache

• Angeborene oder im Lauf des Lebens entstandene (erworbene) Unterfunktion der Schilddrüse. Die Schilddrüse, eine paarig angelegte Drüse, befindet sich im Bereich des Kehlkopfes.
• Angeborene Unterfunktion führt zu Zwergenwuchs und Entwicklungsstörungen.
• Erworbene Unterfunktion kann durch Entzündungen, Tumoren oder Verletzungen entstehen.

Was können Sie tun?

➤ Die Diagnose wird vom Tierarzt mit einem Bluttest und eventuell einer Ultraschalluntersuchung gestellt.
➤ Bei einem Mangel an Schilddrüsenhormonen müssen die Hunde Hormontabletten nehmen, die mit dem Futter verabreicht werden können.
➤ Die richtige Dosierung der Tabletten muss mindestens zweimal jährlich mit einem Bluttest kontrolliert und notfalls neu eingestellt werden.

SCHILDDRÜSENÜBERFUNKTION

Was hat Ihr Hund?

➤ Vermehrter Appetit
➤ Vermehrter Durst
➤ Hitzeempfindlichkeit, das führt dazu, dass die Hunde bevorzugt kühle Stellen aufsuchen.
➤ Gewichtsverlust
➤ Zyklusstörungen bei weiblichen Tieren
➤ Nervosität, Zittern
➤ Eventuell Glupschaugen
➤ Umfangsvermehrungen am Hals mit Schluckstörungen

Ursache

• Meist sind Tumoren die Ursache.
• Der gesamte Stoffwechsel ist durch eine übermäßige Ausschüttung von Schilddrüsenhormonen gesteigert.

Was können Sie tun?

➤ Der Tierarzt stellt die Diagnose mittels Bluttest und Ultraschalluntersuchung.
➤ Operative Entfernung der Schilddrüse oder eines Teils davon
➤ Behandlung mit radioaktivem Jod, wie beim Menschen, ist in der Tiermedizin problematisch, weil die Tiere während der Therapie radioaktiv strahlen.
➤ Die so genannte Idiopathische Schilddrüsenüberfunktion bei Junghunden verschwindet meist von allein wieder.

BABESIOSE

Was hat Ihr Hund?

➤ Mattigkeit, Fieber, Schwäche
➤ Brauner bis roter Urin
➤ Weiße bis gelbe Schleimhäute
➤ Manchmal Erbrechen und Durchfall

Ursache

- Befall mit Babesien
- Babesien sind einzellige Parasiten in den roten Blutkörperchen, die durch Zeckenbiss übertragen werden. Sie kommen vermehrt in Südeuropa, vereinzelt auch in Süddeutschland vor.
- Sie befallen die roten Blutkörperchen und erzeugen Blutarmut (Anämie).
- Beim Menschen verursachen die Parasiten kaum schwere Erkrankungen.

Was können Sie tun?

➤ Die Diagnose wird vom Tierarzt mittels Blut- und Harnuntersuchung gestellt.
➤ Mit einem speziellen Medikament ist die Babesiose heilbar.
➤ In schweren Fällen Bluttransfusion
➤ Tödliche Krankheitsverläufe kommen vor, weil meist gleichzeitig eine massive Leberentzündung besteht.
➤ In Frankreich gibt es einen Impfstoff, der in Deutschland noch nicht erhältlich ist.
➤ Bei Reisen in betroffene Gebiete ist eine Zeckenprophylaxe (Seite 21) wichtig.

GIARDIOSE UND KOKZIDIOSE

Was hat Ihr Hund?

➤ Durchfall
➤ Vor allem junge Hunde sind betroffen.

Ursache

- Infektion mit Giardien oder Kokzidien. Dies sind einzellige Darmparasiten, die bei vielen Hunden vorkommen, ohne Krankheitserscheinungen zu verursachen.
- Die Übertragung erfolgt meist vom Muttertier oder im infizierten Zwinger.
- Eine Übertragung auf den Menschen ist bei Giardien prinzipiell möglich.

Was können Sie tun?

➤ Mittels einer Kotuntersuchung werden die Parasiten identifiziert.
➤ Die Hunde werden mit einem speziellen Medikament über einige Tage behandelt.

Giardien befallen bevorzugt junge Hunde.

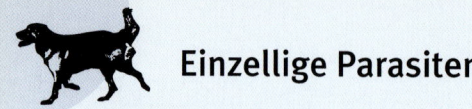

Einzellige Parasiten

LEISHMANIOSE

Was hat Ihr Hund?

➤ Mattigkeit, Fieberschübe
➤ Abmagerung
➤ Dicker, aufgedunsener Bauch
➤ Haarausfall mit starker Schuppenbildung, manchmal brillenförmiger Haarausfall um die Augen
➤ Fast immer geht ein Auslandsaufenthalt in Südeuropa oder Afrika voraus.

Ursache

• Infektion mit Leishmanien (Geißeltierchen), die das Blut, aber auch die Organe von Hunden befallen können und von Sandfliegen übertragen werden
• Übertragung auch über offene Wunden möglich
• Es gibt weltweit verschiedene Leishmanienarten. Bei einigen ist eine Übertragung auch auf den Menschen möglich.

Was können Sie tun?

➤ In vielen Fällen ist die Diagnose nur sehr schwer zu stellen. Untersuchungen von Blut- und Gewebeproben sind hierzu erforderlich.
➤ Die Therapie mit speziellen Medikamenten führt meist nicht zur vollständigen Heilung und sollte nur bei leicht erkrankten Hunden durchgeführt werden.
➤ Schwer erkrankte Hunde sollten eingeschläfert werden.

EHRLICHIOSE

Was hat Ihr Hund?

➤ Fieberschübe, Mattigkeit
➤ Lymphknotenschwellungen
➤ Lahmheiten
➤ Eitriger Augen- und Nasenausfluss

Ursache

• Infektion mit Rickettsien, einzelligen Blutparasiten, die zu einer Infektion der weißen Blutzellen führen und von diesen in die Lymphknoten verschleppt werden
• Die Erkrankung tritt oft zusammen mit Babesiose (Seite 57) auf, da sie von der gleichen Zeckenart übertragen wird.

Was können Sie tun?

➤ Die Diagnose wird durch Blutuntersuchungen oder Lymphknotenpunktion gestellt.
➤ Behandlung mit Antibiotika

In südlichen Ländern können sich Hunde mit verschiedenen Erregern infizieren.

TOXOPLASMOSE

Was hat Ihr Hund?

➤ Dicke Lymphknoten, Fieber
➤ Lähmungserscheinungen, schwankender Gang
➤ Nasen- und Augenausfluss
➤ Vor allem Hunde unter einem Jahr sind betroffen.

Ursache

• Infektion mit Toxoplasmen, einzelligen Parasiten, die sich in verschiedenen Organen und der Muskulatur abkapseln können
• Infektion über Katzenkot, rohes Schweine-, Schaf- und Ziegenfleisch

Was können Sie tun?

➤ Die Diagnosestellung ist nicht ganz einfach. Am ehesten kann man die Erkrankung durch einen Bluttest feststellen.
➤ Bei leichtem Krankheitsverlauf Behandlung mit Antibiotika

MERKE!
Toxoplasmose ist nicht direkt vom Hund auf den Menschen übertragbar. Eine Übertragung auf den Menschen ist nur möglich durch Kontakt mit infektiösem Katzenkot oder rohem Schweinefleisch. Zur Vorbeugung empfiehlt sich deshalb, Frischfutter immer zu erhitzen, den Hund von Katzenkot fern zu halten und die Katzenstreu regelmäßig, mindestens alle 48 Stunden, zu wechseln.

EPILEPSIE

Was hat Ihr Hund?

➤ Bewusstseinsstörungen
➤ Krämpfe mit Speichelfluss
➤ Unkontrollierter Harn- und Kotabsatz
➤ Plötzliches Zusammenbrechen

Ursache

• Es handelt sich um eine Erregungsstörung der Nervenleitungen. Diese kann entweder angeboren (z. B. Pudel, Dackel, Cocker Spaniel) oder durch andere Ursachen, wie Gehirnhautentzündung, Gehirntumoren oder Gehirnverletzungen, hervorgerufen werden.
• Epilepsie kann in verschiedenen Schweregraden verlaufen, die Anfälle können sich unterschiedlich häufen. Man unterscheidet zwischen Grandmal-Anfällen, bei denen totaler Bewusstseinsverlust, Krämpfe, Harn- und Kotabsatz sowie Speicheln auftreten, und Petit-mal-Anfällen, bei denen nur einzelne Muskelgruppen krampfen oder der Hund nach nicht vorhandenen Fliegen schnappt.

Was können Sie tun?

➤ Nur über Ausschluss anderer möglicher Ursachen lässt sich die Diagnose Epilepsie stellen.
➤ Die angeborene Epilepsie lässt sich mit Tabletten behandeln.

MERKE!
Da diese Erkrankung nicht heilbar ist, aber vererbt wird, sollte mit erkrankten Tieren und deren Eltern nicht gezüchtet werden.

VERGIFTUNGEN

Was hat Ihr Hund?

➤ Speicheln, Zittern, schwankender Gang, Erbrechen, Durchfall, Husten
➤ Bläulich verfärbte Schleimhäute, Schleimhäute bluten, z. B. Zahnfleischbluten, rote Pünktchen in den Schleimhäuten
➤ **Rattengift:** Blutungen in den Schleimhäuten in Form von kleinen roten Pünktchen, Zahnfleischbluten, blutiger Urin, manchmal büschelweise Haarausfall
➤ **Pflanzenschutzmittel:** Speicheln, Erbrechen, Krämpfe, unsicherer Gang, Augenrollen
➤ **Säuren:** Verätzungen in Form von schorfigen Ekzemen an Haut und Schleimhäuten
➤ **Frostschutzmittel:** Müdigkeit, Krämpfe, Nierenversagen
➤ **Trockenspiritus:** Krämpfe, Fieber
➤ **Schlaftabletten:** Müdigkeit, Narkose, lässt sich nicht mehr aufwecken, Koma, Atemstillstand
➤ **Schädlingsbekämpfungsmittel:** Krämpfe, weite Pupillen, stark verlangsamter Herzschlag

Ursache

• Gifte können abgeschluckt werden, wenn Hunde Dinge unkontrolliert fressen oder ablecken.
• Gifte können eingeatmet werden. Bedenken Sie, dass die Hundenase sich in Bodennähe befindet und Rauch oder Autoabgase schwerer sind als Luft und sich deshalb in Bodennähe anreichern.
• Gifte können über die Haut aufgenommen werden, wenn Flüssigkeiten über den Hund fließen.
• Gifte können durch Injektion in den Organismus gelangen, etwa durch Bisse oder Stiche giftiger Insekten.

Was können Sie tun?

➤ Generell gilt, den Hund sofort von der Giftquelle zu entfernen. Falls Sie Ihren Hund bei der Giftaufnahme beobachtet haben, Packung und Beipackzettel zum Tierarzt mitnehmen.
➤ Ist das Gift gerade eben erst abgeschluckt worden, den Hund mit Senfwasser zum Erbrechen bringen (Senf mit Wasser mischen und dem Hund eingeben).
➤ Bei Aufnahme von Säuren kein Erbrechen herbeiführen, da sonst die Speiseröhre erneut verätzt wird.
Faustregel bei Abschlucken von Säuren: 1 Schluck Säure muss mit 1 l Wasser oder Milch neutralisiert werden, die dem Hund eingeflößt werden muss.
➤ Bei Giftaufnahme über die Haut sofort mit Hundeshampoo waschen, verklebte Haare scheren
➤ In allen Fällen nach den ersten Soforthilfemaßnahmen den Tierarzt aufsuchen
➤ Falls das Gift bekannt ist, wird das entsprechende Gegengift verabreicht, ansonsten wird je nach Symptomen behandelt.

MERKE!
Vergiftungen sind auch für den Tierarzt sehr schwierig zu diagnostizieren, da sie mit einer Fülle von Symptomen einhergehen können.

Beim Stöbern im Gebüsch kann der Hund leicht etwas Giftiges aufnehmen.

AUJESZKYSCHE KRANKHEIT

Was hat Ihr Hund?

➤ Unruhe, Hecheln, starker Juckreiz, Speichelfluss, Krämpfe, Aggressivität, Bewusstseinsstörungen
➤ Die Symptome ähneln denen der Tollwut
(Seite 65).

Ursache

• Infektion mit einem Herpesvirus, das durch den
Genuss von rohem Schweinefleisch übertragen
wird
• Auch der Kontakt mit klinisch gesunden, aber
infizierten Schweinen kann für den Hund ansteckend sein.
• Schweine können Virusträger sein, ohne selbst
zu erkranken.
• Die Erkrankung ist für den Menschen völlig ungefährlich, da er sich nicht anstecken kann.

Was können Sie tun?

➤ Die Aujeszkysche Krankheit ist nicht heilbar, die
Tiere sterben entweder sehr schnell oder müssen eingeschläfert werden.
➤ Die Erkrankung ist anzeigepflichtig und muss
bei der zuständigen Veterinärbehörde gemeldet
werden, da die Aujeszkysche Krankheit beim
Schwein staatlich bekämpft wird.

MERKE!

*Verfüttern Sie vorbeugend niemals rohes Schwei-
nefleisch. Das Virus wird durch Erhitzen abgetötet.*

BORRELIOSE

Was hat Ihr Hund?

➤ Lahmheit, Fieber, geschwollene Gelenke
➤ Manchmal entzündete Zeckenbissstelle in der
Haut

Ursache

• Infektion mit Borrelien, korkenzieherförmigen
Bakterien, die durch Zeckenbiss übertragen
werden können. Sie führt zu Gelenkinfektionen
und Organschäden.

Was können Sie tun?

➤ Mittels Blutuntersuchungen und Untersuchung
von Gelenkflüssigkeit kann die Diagnose durch
den Tierarzt gestellt werden.
➤ Behandlung mit Antibiotika
➤ Leider bleiben nach der Therapie manchmal
Bakterien in den Gelenken zurück, und es können sich rheumatische Beschwerden anschlie-
ßen.
➤ Man kann vorbeugend gegen diese Erkrankung
impfen (Seite 21).
➤ Machen Sie es sich zur Gewohnheit, den Hund
nach jedem Spaziergang auf Zecken zu untersuchen, oder führen Sie eine Zeckenprophylaxe
durch (Seite 21).
➤ Man nimmt an, dass infizierte Hunde die Bakterien mit dem Urin ausscheiden. Die Ansteckungsgefahr für den Menschen durch
diesen Urin ist jedoch sehr gering.

FRÜHSOMMER-MENINGO-ENZEPHALITIS (FSME)

Was hat Ihr Hund?

➤ Speicheln
➤ Bewusstseinstrübungen, Krämpfe
➤ Koma
➤ Fieber

Ursache

• Eine Virusinfektion, die durch Zeckenbisse übertragen wird
• Es kommt zu einer Entzündung des Gehirns und der Gehirnhaut.

Was können Sie tun?

➤ Der Tierarzt stellt die Diagnose mittels eines Bluttests.
➤ Die Therapie ist schwierig und die Hunde bedürfen intensiver Betreuung, am Besten in einer Tierklinik.
➤ Behandlung mit entzündungshemmenden Medikamenten und Antibiotika, bei Krampfzuständen zusätzlich mit Beruhigungsmitteln
➤ Einen Impfstoff wie für den Menschen gibt es bislang noch nicht.
➤ Zur Vorbeugung sollten Sie Ihren Hund nach jedem Spaziergang auf Zecken untersuchen. Falls sich eine Zecke bereits in der Haut verbissen hat, entfernen Sie diese mit Hilfe einer speziellen Zeckenzange (Zoofachhandel, Apotheke) unter drehenden Bewegungen. Achten Sie darauf, dass der Kopf nicht stecken bleibt, da er zu Entzündungen führen kann.
➤ Führen Sie Zeckenprophylaxe durch (Seite 21).

LEPTOSPIROSE

Was hat Ihr Hund?

➤ Fieber, Mattigkeit
➤ Fressunlust
➤ Gelbe Schleimhäute
➤ Vermehrter Durst, Durchfall
➤ Taumeln, Bewusstseinsstörungen

Ursache

• Leptospiren sind Bakterien, die vor allem von Ratten und Mäusen übertragen werden. Sie können alle Organe befallen und daher eine Unzahl von Symptomen hervorrufen.
• Leptospirose ist auch für den Menschen ansteckend.
• Infizierte Hunde können Leptospiren bis zu 4 Jahre lang mit Speichel und Urin ausscheiden. Die Infektion kann ohne Krankheitsanzeichen verlaufen, die betroffenen Hunde können zu Dauerausscheidern werden.

Was können Sie tun?

➤ Diagnosestellung des Tierarztes mit diversen Laboruntersuchungen, vor allem Blutuntersuchung
➤ In leichten Fällen kann die Erkrankung mit Antibiotika behandelt werden.
➤ Bei schweren Verlaufsformen kann es zu unheilbaren Nierenschäden kommen.
➤ Man kann gegen diese Erkrankung vorbeugend impfen (Seite 21).

PARVOVIROSE

Was hat Ihr Hund?

➤ Erbrechen, schleimiger bis blutiger Durchfall, Fieber, Mattigkeit, Bauchschmerzen
➤ Besonders Welpen unter 6 Monaten erkranken schwer. Bei ihnen kann die Infektion tödlich verlaufen.

Ursache

• Die Infektion mit dem Parvovirus führt zu einer massiven Darmentzündung und kann auch Entzündungen des Herzmuskels verursachen.
• Sie wird auch Katzenseuche genannt, weil das Virus ursprünglich bei Katzen vorkam, sich im Lauf der Zeit aber an den Hund angepasst hat. Eine Übertragung von Katze auf Hund ist heute nicht mehr möglich.

Was können Sie tun?

➤ Diagnosestellung durch den Tierarzt mittels Laboruntersuchungen
➤ Behandlung der schwer kranken Hunde mit Infusionen, Antibiotika und entzündungshemmenden Medikamenten
➤ Immunseren, um die Virusausbreitung im Körper zu verhindern
➤ Man kann gegen die Erkrankung vorbeugend impfen. Besonders gefährdet sind Welpen zwischen der vierten und sechsten Lebenswoche, da sie meist nicht mehr genügend mütterliche Antikörper im Blut haben, andererseits aber auch noch nicht geimpft werden.

SALMONELLOSE

Was hat Ihr Hund?

➤ Durchfall, teilweise blutig
➤ Erbrechen
➤ Mattigkeit
➤ In schweren Verlaufsfällen Fieber

Ursache

• Salmonellen sind Bakterien, die überall vorkommen.
• Die Ansteckung erfolgt über rohes Fleisch, vor allem Geflügel, und Kot anderer Tiere.
• Die Ansteckungsgefahr für den Menschen ist sehr gering. Salmonelleninfektionen bei Menschen sind zu über 90 Prozent Lebensmittelinfektionen.

Was können Sie tun?

➤ Der Durchfall und das Erbrechen werden mit Diät und Medikamenten gegen Erbrechen behandelt.
➤ In schweren Verlaufsfällen werden Antibiotika gegeben.
➤ Eine vorbeugende Impfung des Hundes gegen Salmonellen ist nicht möglich.
➤ Salmonellen sind gegen die gängigen Desinfektionsmittel empfindlich und können durch Umgebungsdesinfektion abgetötet werden.
➤ Bei gesicherter Diagnose sollten sich vorsichtshalber alle im Haushalt lebenden Personen auf Salmonellen untersuchen lassen.

STAUPE

Was hat Ihr Hund?

➤ Fieberschübe, Durchfall, Erbrechen, Atembeschwerden, Augenentzündung
➤ Im weiteren Verlauf Hautpusteln, Ohrenentzündungen, schwankender Gang, Krampfanfälle,
Schläfrigkeit, starke Verhornung am Nasenspiegel und an den Pfoten

Ursache

• Das Staupevirus ist hoch ansteckend. Es befällt
fast alle Organe und kann bei ungünstigem Verlauf zu schweren Schädigungen des Gehirns
führen.
• Erkrankt ein Welpe vor dem Zahnwechsel, so
kann die Infektion zu Schäden bei den bleibenden Zähnen, wie Zahnschmelzdefekten, führen.
Die Zähne sehen dann bräunlich verfärbt und
löcherig aus.

Was können Sie tun?

➤ Mit Immunseren wird verhindert, dass das Virus
sich im Körper ausbreitet.
➤ Je nach Lokalisation werden die Magen-Darm-
Entzündung, Lungenentzündung etc. behandelt.
➤ In schweren Fällen mit Gehirninfektion sollten
die Tiere eingeschläfert werden.
➤ Die Erkrankung ist heute relativ selten, da die
meisten Hunde regelmäßig gegen Staupe
geimpft werden (Seite 21). Betroffen sind vor allem Tiere aus dem osteuropäischen Ausland, da
die Infektion dort weit verbreitet ist.

WUNDSTARRKRAMPF (TETANUS)

Was hat Ihr Hund?

➤ Verkrampfungen, anfänglich nur im Kopfbereich,
später auf den ganzen Körper übergehend
➤ Verzogene Lefzen, Schlitzaugen, Speichelfluss,
später hohes Fieber, Schluckstörungen, steifer
Gang, Krämpfe
➤ Typisch für die Erkrankung sind Stirnfalten und
ein eigenartig verschlagener Gesichtsausdruck
des erkrankten Hundes.

Ursache

• Tetanus ist eine bakterielle Infektion. Die Bakterien gelangen durch Wunden in den Körper oder
werden abgeschluckt, wenn die Hunde Aas, Tier-
kot und Ähnliches fressen.
• Das Gift der Tetanusbakterien führt zu Störungen der Erregungsleitung des Nervensystems.
• Die Tetanusbakterien sind empfindlich gegenüber Desinfektionsmitteln. Unter ungünstigen
Lebensbedingungen bilden die Bakterien aber
so genannte Dauerformen, die jahrelang im Boden überleben können. Diese Dauerformen werden durch Desinfektionsmittel nicht vernichtet.

Was können Sie tun?

➤ Die Therapie ist aufwendig und teuer, da die Tiere für 1 bis 2 Wochen in einen Heilschlaf versetzt
werden müssen. Meist müssen sie künstlich
ernährt werden, da sie nicht schlucken können.
➤ Zusätzlich Antibiotika und Gegengifte
➤ Da die Infektion beim Hund sehr selten ist, wird
dagegen nicht routinemäßig geimpft.

TOLLWUT

Was hat Ihr Hund?

➤ Die Erkrankung verläuft klassischerweise in drei Phasen:
Phase 1: Wesensänderung, Unruhe, Schnappen nach Fliegen, die gar nicht vorhanden sind, Juckreiz an der Bissstelle
Phase 2: Aggressivität, Speichelfluss, wankender Gang, Hunde greifen Menschen oder andere Tiere an, Krämpfe, Unfähigkeit zu trinken, Angst vor Wasser
Phase 3: Die in Phase 2 gezeigte Hyperaktivität geht in Mattigkeit, Schläfrigkeit und Erschöpfung über.
➤ Es gibt auch untypische Verlaufsformen, die mit Müdigkeit, Durchfällen, Schluckbeschwerden, Speichelfluss und Lähmungen einhergehen.

Ursache

• Das Virus wird über infizierten Speichel durch Bisse oder offene Wunden übertragen. Es gelangt über die Blutbahn in die Nervenbahnen und führt von dort aus zu einer Infektion des Gehirns.
• Virusträger sind meist Füchse. Diese werden in vielen Gegenden entweder bejagt oder mit einer Schluckimpfung durch das Auslegen von Ködern mit dem Impfstoff geimpft.
• Das Fressen dieser Köder ist für den Hund ungefährlich.

Was können Sie tun?

➤ Nichts. Da die Erkrankung auch für den Menschen ansteckend und unheilbar ist, müssen erkrankte Tiere eingeschläfert werden.
➤ Tollwut ist anzeigepflichtig, das heißt, schon bei Verdacht auf die Erkrankung muss die zuständige Veterinärbehörde verständigt werden. Sie ordnet weitere Maßnahmen an, wie Quarantäne aller Tiere, die mit dem erkrankten Tier Kontakt hatten, Schutzimpfungen für Menschen oder auch das Einschläfern aller Tiere, die mit dem tollwuterkrankten Tier Kontakt hatten, wenn der Besitzer nicht eine einmal jährlich erfolgte Impfung nachweisen kann.
➤ Tollwut kann sicher nur im Gehirn des erkrankten Tieres diagnostiziert werden.
➤ Das Tollwutvirus kann alle Säugetiere und auch Vögel befallen.
➤ Der beste Schutz vor Ansteckung ist die einmal jährliche Impfung gegen Tollwut (Seite 21).
➤ Für besonders gefährdete Personen, wie Tierärzte, Tierpfleger oder Jäger, gibt es einen Impfstoff zur vorbeugenden Impfung. Diese ist auch bei Urlaubsreisen in tollwutgefährdete Länder empfehlenswert.

Infektionskrankheiten bei Hunden können auch durch Schnuppern im Gebüsch übertragen werden.

Infektionskrankheiten, Wurmerkrankungen

ZWINGERHUSTEN

Was hat Ihr Hund?

➤ Husten, Atembeschwerden
➤ Speicheln, Würgen, Erbrechen von Schaum, der wie geschlagenes Eiweiß aussieht
➤ Fieber
➤ Nicht nur Zwingerhunde sind betroffen.

Ursache

• Es gibt eine große Anzahl von Viren und Bakterien, die Infektionen der oberen Atemwege hervorrufen. Diese Infektionen werden unter dem Sammelbegriff Zwingerhusten zusammengefasst.
• Die Infektion ist eine Tröpfcheninfektion, das heißt, die Viren werden über Nasensekret, Augensekret und Speichel übertragen.
• Meist verläuft die Erkrankung epidemieartig.
• Vermutlich ist eine Ansteckung vom Menschen auf den Hund und umgekehrt möglich.

Was können Sie tun?

➤ Je nach Schweregrad der Erkrankung Medikamente zur Anregung des Immunsystems, Schleimlöser, Husten stillende Medikamente und Antibiotika
➤ Es gibt Impfstoffe gegen einige Viren und Bakterien, die aber nicht das ganze Erregerspektrum abdecken, ähnlich wie bei der Grippeimpfung des Menschen. Daher ist es möglich, dass geimpfte Tiere erkranken (Impfschema, Seite 21).

BANDWÜRMER

Was hat Ihr Hund?

➤ Reiskornähnliche, bewegliche weißliche Teile im Kot
➤ Struppiges Fell
➤ Abmagerung
➤ Juckreiz am After

Ursache

• Es gibt verschiedene Arten von Bandwürmern.
• Der häufigste Hundebandwurm ist der Flohfinnenbandwurm. Bei Flohbefall kann es passieren, dass der Hund einen Floh abschluckt. Da der Floh Zwischenwirt für den Bandwurm ist, entwickelt sich im Hundedarm ein Bandwurm.
• Die Infektion mit anderen Bandwürmern erfolgt meist durch den Verzehr von rohem Fleisch, Fisch und Innereien.
• Die Infektion mit dem Fuchsbandwurm erfolgt nach Kontakt mit Fuchskot.
• Der Fuchsbandwurm ist für den Menschen besonders gefährlich, da sich bei einer Infektion eine Zyste in der Leber bildet, die das Lebergewebe zerstört. Diese Infektionen sind aber sehr selten.

Was können Sie tun?

➤ Entwurmung mit einem speziellen Medikament gegen Bandwürmer. Dieses Medikament wird vom Tierarzt gespritzt oder in Tablettenform verabreicht.

HAKENWÜRMER, PEITSCHEN-WÜRMER, SPULWÜRMER

Was hat Ihr Hund?

➤ Abmagerung, Blähungen, Durchfall
➤ Spaghettiähnliche lange Würmer im Kot
➤ Erbrechen von Würmern

Ursache

• Die Infektion mit Rundwürmern, zu denen die genannten Würmer gehören, kann bereits im Mutterleib über den Blutweg, aber auch beim Säugen über die Milchdrüsen erfolgen.
• Ansteckung über infiziertes Futter und Kontakt mit dem Kot infizierter Tiere
• Die Würmer leben im Dünndarm und saugen dort an der Darmwand Blut.

Was können Sie tun?

➤ Die genaue Diagnose, um welche Wurmart es sich handelt, kann der Tierarzt nach der Untersuchung einer Kotprobe anhand der von den Würmern ausgeschiedenen Eier stellen. Der Hund wird dann mit einem speziellen Mittel gegen diese Wurmart behandelt.
➤ Häufiger werden Hunde in regelmäßigen Abständen (Entwurmungsplan, Seite 20) prophylaktisch entwurmt, da die Medikamente für den Hund nicht schädlich sind.
➤ Eine Übertragung auf den Menschen ist sehr unwahrscheinlich und nur in seltenen Ausnahmefällen möglich.

HERZWÜRMER

Was hat Ihr Hund?

➤ Leistungsschwäche
➤ Atemnot, Husten, bläuliche Schleimhäute

Ursache

• Herzwürmer werden durch Stechmücken übertragen und siedeln sich im Herz und in der Lungenarterie an. Sie kommen im Mittelmeerraum und in Nordamerika vor.
• Vor allem nach einem Auslandsaufenthalt und bei importierten Hunden sollte man an diese Erkrankung denken.

Was können Sie tun?

➤ Die Diagnose kann vom Tierarzt mittels einer Blutuntersuchung oder einer Ultraschalluntersuchung des Herzens gestellt werden.
➤ Behandlung mit Injektionen oder einem Spot-on-Präparat (Seite 125), welches auch zur Prophylaxe geeignet ist
➤ Bei massivem Befall müssen die Herzwürmer operativ entfernt werden.

Braucht der Hund plötzlich ungewöhnlich viel Schlaf, sollten Sie ihn untersuchen lassen.

BISSE, STICHE, RISSE

Was hat Ihr Hund?

➤ Blutung, Schwellung, Schmerzen
➤ Bei Stichen im Kopfbereich eventuell Atemnot und Schwellung der Zunge, Lefzen oder des Kopfes

Ursache

• Bissverletzungen durch Raufereien mit anderen Hunden oder Katzen
• Rissverletzungen durch Hängenbleiben an scharfen Gegenständen
• Schnittwunden an den Pfoten durch Scherben
• Insektenstiche

Was können Sie tun?

➤ Blutungen reinigen und desinfizieren, eventuell verbinden
➤ Starke Blutungen mit Druckverband versorgen (Seite 42), vom Tierarzt untersuchen lassen
➤ Größere Risswunden, die stark auseinander klaffen, müssen vom Tierarzt versorgt werden.
➤ Bei Schwellungen oder Insektenstichen Cold Packs (Seite 125) auflegen
➤ Fest sitzende Zecken herausdrehen

MERKE!
Größere Wunden müssen innerhalb von 4 bis 6 Stunden genäht werden, da sie sonst nicht mehr richtig heilen. Deshalb im Zweifelsfall sofort den Tierarzt aufsuchen.

HITZSCHLAG

Was hat Ihr Hund?

➤ Erhöhte Körpertemperatur, starkes Hecheln, blasse Schleimhäute
➤ In fortgeschrittenem Zustand Bewusstlosigkeit, weite Pupillen, der Hund ist nicht mehr ansprechbar, Krämpfe

Ursache

• Einige Minuten in einem verschlossenen Auto im Sommer reichen aus, um die Körpertemperatur eines Hundes derart zu erhöhen, dass sein Gehirn einen unheilbaren Schaden davonträgt.
• Hunde schwitzen kaum, da sie nur wenig Schweißdrüsen zwischen den Zehen haben.

Was können Sie tun?

➤ Den Hund sofort an einen kühlen Ort bringen
➤ Den Hund langsam abkühlen, dabei an den Beinen beginnen; am Besten mit einem Gartenschlauch abspritzen
➤ Dem Hund ein nasses T-Shirt überziehen
➤ Wasser zu trinken geben oder einflößen

MERKE!
Sehen Sie im Sommer bei großer Hitze einen offenbar leidenden Hund in einem fremden Auto eingesperrt, dann verständigen Sie sofort die Polizei. Nur dann, wenn der Hund schon bewusstlos ist oder dies unmittelbar droht, sind Sie selbst zur Gefahrenabwehr befugt (§ 680 BGB). Es muss aber aus objektiver Sicht wirklich eine dringende, unmittelbare Gefahr bestehen, die ein sofortiges Handeln erforderlich macht.

STROMSCHLAG

Was hat Ihr Hund?

➤ Zittern, Speicheln, Krämpfe
➤ Verbrennungen an der Eintrittsstelle
➤ In fortgeschrittenen Fällen Bewusstlosigkeit
➤ Vor allem Welpen sind gefährdet.

Ursache

• Benagen von Steckdosen, Kabeln und angeschlossenen Elektrogeräten
• Elektroweidezäune auf Pferde- oder Viehweiden; dieser Stromschlag ist jedoch nur mit einem heftigen Schmerz verbunden und lässt den Hund kurz aufjaulen.

Was können Sie tun?

➤ Die Stromquelle ausschalten oder den Hund sofort von der Stromquelle trennen. Hierfür nicht leitendes Material wie Holz oder Gummi benutzen.
➤ Verbrennungen an der Eintrittsstelle entsprechend behandeln (siehe gleiche Seite).
➤ Bei Bewusstlosigkeit Wiederbelebungsmaßnahmen durchführen (Literatur zu Erster Hilfe, Seite 125).
➤ Durch Überprüfen verschiedener Reflexe vergewissern, ob das Tier noch lebt (Seite 125).

MERKE!
Auch der menschliche Körper leitet den elektrischen Strom.

VERBRENNUNGEN

Was hat Ihr Hund?

➤ **Verbrennung 1. Grades:** Rötung, Schmerzhaftigkeit, Wärme der Haut
➤ **Verbrennung 2. Grades:** Wie 1. Grades, aber zusätzlich Auftreten einer Brandblase
➤ **Verbrennung 3. Grades:** Verbrannte Haut mit Schorfbildung, schwärzlich bräunliche Krusten, extreme Schmerzen
➤ **Verbrennung 4. Grades:** Schwerste Verbrennung mit massiver Schädigung der Haut und des darunter liegenden Gewebes, scharfer Brandgeruch, das betroffene Gewebe sieht verschrumpelt aus, extreme Schmerzen

Ursache

• Kochendes Wasser
• Herabfallendes Bügeleisen
• Umfallender Gartengrill
• Verätzen der Haut mit Säuren wie Batteriesäure oder chlorhaltigen Haushaltsreinigern

Was können Sie tun?

➤ **Verbrennungen 1. und 2. Grades:** Kühlung mit kaltem Wasser, auflegen von Cold Packs (Seite 124)
➤ Auftragen von Brandsalben ist erst nach Schur der Haare ratsam.
➤ **Verbrennungen 3. und 4. Grades:** Schorfige Wunden mit sterilen feuchten Kompressen bedecken und den Tierarzt aufsuchen
➤ Schon allein wegen der großen Schmerzen muss der Hund tierärztlich versorgt werden.

... im Kopfbereich

Sie finden in diesem Kapitel Erkrankungen, die im Kopfbereich Ihres Hundes vorkommen können.

Als Besonderheiten sollten Sie unbedingt beachten:

Das finden Sie in diesem Kapitel

➤ Augenerkrankungen (Seite 71–73)
➤ Fremdkörper in der Mundhöhle (Seite 74)
➤ Probleme mit Zähnen und Zahnfleisch (Seite 74–76)
➤ Speicheldrüsenzysten (Seite 76)
➤ Nasenschleimhautentzündung (Seite 77)
➤ Rachen- und Luftröhrenentzündung (Seite 77)
➤ Ohrenerkrankungen (Seite 78–79)
➤ Taubheit (Seite 79)

➤ Bindehautentzündung: Waschen Sie die Bindehäute nicht mit Kamillenlösung aus, nehmen Sie lieber klares Wasser. Kamillenlösungen enthalten manchmal Schwebstoffe, die die Bindehäute unnötig reizen.

➤ Fremdkörper in der Mundhöhle: Trainieren Sie mit Ihrem Hund regelmäßig das Mundöffnen und das Hineingreifen mit Ihrer Hand. Oft lassen sich zwischen den Zähnen verkeilte Holzstückchen oder Knochenstücke entfernen, wenn Ihr Hund gewöhnt ist, sein Maul zu öffnen. Sie ersparen ihm damit eine Kreislauf belastende Narkose und schonen Ihren Geldbeutel.

➤ Bei Zahnwechselstörungen, wenn Milchzähne nicht ausfallen und die bleibenden Zähne bereits sichtbar sind, sollten Sie das Gebiss Ihres Hundes massieren. Um das Ausfallen zu forcieren, sind Kauknochen sowie »Zieh- und Zerrspiele« mit Spieltauen oder alten Kleidungsstücken am Besten geeignet. Durch das Ziehen werden die Milchzähne gelockert und fallen vielleicht aus, ohne dass sie vom Tierarzt in Vollnarkose gezogen werden müssen.

BINDEHAUTENTZÜNDUNG

Was hat Ihr Hund?

➤ Schleimig wässriger bis eitriger Augenausfluss
➤ Gerötete Lidbindehäute, geschwollene Augenlider, Lichtscheue
➤ Reiben mit den Pfoten an den Augen

Ursache

• Bakterien, Viren
• Zug
• Mechanische Irritation durch Lidtumoren, Haare, Fremdkörper
• Kleine Bläschen
• Mangelnde Tränenproduktion
• Abflussstörungen der Tränenflüssigkeit

Was können Sie tun?

➤ Bei leichter Erkrankung mit wässrigem Augenausfluss 2- bis 3-mal täglich Lidränder mit klarem Wasser auswaschen
➤ Reiz lindernde Augentropfen aus der Apotheke verabreichen
➤ Wird die Erkrankung nicht innerhalb von 2 Tagen merklich besser, muss der Tierarzt aufgesucht werden.
➤ Der Tierarzt muss auch bei allen Erkrankungen aufgesucht werden, die mit starkem Juckreiz, deutlicher Schwellung und eitrig pappigem Sekret einhergehen.
➤ Bläschen auf den Lidern und der Nickhaut (siehe gleiche Seite) müssen vom Tierarzt abgeschabt werden. Hierzu ist eine Vollnarkose erforderlich.

ENTZÜNDUNG DER NICKHAUT

Was hat Ihr Hund?

➤ Rötliche Vorwölbung am inneren Augenwinkel
➤ Tränenfluss

Ursache

• Die Nickhaut ist eine bewegliche Haut, die über das Auge gezogen werden kann. Sie besteht aus einer Drüse und Knorpel. Die Drüse produziert einen Teil der Tränenflüssigkeit. Sie kann sich entzünden und über den Lidrand vorwölben.
• Die Ursache für diese Entzündung ist unbekannt.

Was können Sie tun?

➤ Die vergrößerte Drüse oder der vergrößerte Knorpel müssen am inneren Augenlid festgenäht oder in eine Bindehauttasche versenkt werden. Diese Operation kann nur von einem Spezialisten durchgeführt werden.

Durch Zugluft können Augenprobleme auftreten.

Augenerkrankungen

ERKRANKUNGEN DER AUGENLIDER

Was hat Ihr Hund?

➤ Nach innen gedrehte Lidränder, am Augapfel reibende Wimpern (Entropium)
➤ Auseinander klaffende Augenlider, Tränenfluss (Ektropium)
➤ Gerstenkorn- oder warzenartige Bildungen an den Augenlidern
➤ Doppelwimpern: Wimpern befinden sich auch auf dem Teil des Lids, der dem Auge zugewandt ist.

Ursache

• Das Entropium ist eine erblich bedingte Missbildung und kommt bei Chow Chows und Shar Peis häufig vor.
• Auch das Ektropium ist eine erblich bedingte Missbildung und kommt bei Bernhardinern, Doggen und Boxern häufig vor.
• Gerstenkorn- oder warzenartige Bildungen an den Lidrändern können vergrößerte Talgdrüsen der Lidränder sein oder Tumoren.

Was können Sie tun?

➤ Entropium und Ektropium können kosmetisch operiert werden.
➤ Gerstenkorn- oder warzenartige Bildungen müssen chirurgisch entfernt werden.
➤ Doppelwimpern: Entfernen der Wimpern mit einer Pinzette, Veröden der Haarkanälchen mit einem speziellen Gerät

GRAUER STAR

Was hat Ihr Hund?

➤ Milchige Trübung der Linse; wenn man durch die Pupille schaut, erscheint der Hintergrund wie eine Milchglasscheibe.
➤ Beeinträchtigung des Sehvermögens besonders in der Dämmerung

Ursache

• Der graue Star ist eine Alterserscheinung, der bei Hunden ab etwa 7 Jahren häufig auftritt.
• Tritt die Erkrankung im jugendlichen Alter auf, ist sie wahrscheinlich erblich bedingt.
• Grauer Star kann auch im Zusammenhang mit anderen Augenerkrankungen, nach Verletzungen des Augapfels oder als Folge einer Zuckerkrankheit auftreten.

Was können Sie tun?

➤ Der Altersstar ist keine Erkrankung, sondern ein normaler Altersprozess. In der Regel gewöhnen sich die Tiere an die Einschränkung ihres Sehvermögens, da sie sowieso in erster Linie Nasentiere sind.
➤ Man kann versuchen, mit Augentropfen das Fortschreiten der Erkrankung aufzuhalten.
➤ Der jugendliche graue Star kann operiert werden. Hierbei wird die Linse entfernt. Diese Operation kann aber nur von einem Augenspezialisten durchgeführt werden.

GRÜNER STAR

Was hat Ihr Hund?

➤ Starke Vorwölbung des Augapfels mit Rötung und Tränenfluss
➤ Weite starre Pupille, der Augenhintergrund schimmert grünlich
➤ Hochgradige Schmerzhaftigkeit am betroffenen Auge
➤ Reiben mit den Pfoten am betroffenen Auge
➤ Die Erkrankung betrifft meist nur ein Auge.

Ursache

• Der grüne Star entsteht durch eine Abflussstörung des im Auge gebildeten Wassers (Kammerwasser), wodurch sich der Augeninnendruck erhöht. Dies führt rasch zu einer Schädigung der empfindlichen Netzhaut.
• Die Ursachen hierfür sind meist unbekannt.

Was können Sie tun?

➤ Der grüne Star ist immer ein Notfall. Sie sollten unverzüglich den Tierarzt aufsuchen.
➤ Der Augeninnendruck kann mit einem speziellen Gerät gemessen werden, das aber meist nur Tierkliniken oder Spezialisten haben.
➤ Mit Medikamenten kann versucht werden, den Augeninnendruck zu senken.
➤ Gelingt dies nicht, muss versucht werden, die Abflussstörung operativ zu beseitigen.
➤ Nach einem grünen Star muss der Augeninnendruck beim Hund regelmäßig kontrolliert werden.

HORNHAUTENTZÜNDUNG/ HORNHAUTGESCHWÜR

Was hat Ihr Hund?

➤ Getrübtes, gerötetes Auge
➤ Lichtscheu
➤ Tränenfluss
➤ Der Hund kratzt sich mit der Pfote am Auge.

Ursache

• Infektionen durch Bakterien, Pilze
• Fremdkörper
• Verletzungen
• Trockenes Auge bei mangelnder Tränenproduktion
• Bei manchen Rassen ist die Hornhautentzündung (Keratitis) erblich bedingt. Das gilt beispielsweise für Dackel, Schäferhunde oder Boxer.

Was können Sie tun?

➤ Nach Beseitigung der Ursache wird die Hornhautentzündung mit antibiotischen Augensalben behandelt.
➤ Bei tief greifenden Entzündungen oder Hornhautgeschwüren kann es vorkommen, dass die Hornhaut einreißt und das Auge ausläuft. Deshalb wird der Tierarzt in solchen Fällen die Nickhaut (Seite 71) oder die Augenlider zum Schutz über das Auge nähen.
➤ Da die Hornhaut keine eigenen Blutgefäße hat, die abgestorbene Zellen abtransportieren, dauert die Erkrankung sehr lange.
➤ Bei erblich bedingten Entzündungen ist eine lebenslange Therapie erforderlich.

Erkrankungen der Mundhöhle

FREMDKÖRPER IN DER MUNDHÖHLE

Was hat Ihr Hund?

➤ Schluckbeschwerden
➤ Speicheln, Würgen
➤ Reibt sich mit der Pfote über die Schnauze
➤ Reibt die Schnauze auf dem Boden
➤ Blutungen aus dem Maul

Ursache

- Futterteile, Holzstücke, Knochenreste oder sonstige vom Hund aufgenommene Dinge können sich zwischen den Zähnen, vor dem Kehlkopf, unter der Zunge oder zwischen den Oberkieferbackenzähnen verkeilen.
- Dies führt zu Verletzungen, Entzündungen oder einfach Irritationen.

Was können Sie tun?

➤ Öffnen Sie Ihrem Hund den Mund und untersuchen Sie seine Mundhöhle genau.
➤ Lässt sich der gefundene Fremdkörper leicht entfernen und Sie können keine Blutung beobachten, ist die Sache erledigt.
➤ Bei Komplikationen muss der Tierarzt den Fremdkörper – eventuell unter Narkose – operativ entfernen und mit Antibiotika zur Infektionsprophylaxe behandeln.
➤ Um Verletzungen vorzubeugen, sollten Sie Ihren Hund nicht mit Stöckchen spielen lassen. Diese verkanten sich häufig, brechen ab und bohren sich in die Weichteile in der Mundhöhle.

ZAHNFEHLSTELLUNGEN, ZAHNWECHSELSTÖRUNGEN

Was hat Ihr Hund?

➤ Schief stehende Zähne
➤ Unter- und Oberkiefer sind nicht gleich lang, der Hund kann den Mund nicht richtig schließen.
➤ Die langen Eckzähne des Unterkiefers beißen in den Oberkiefer ein.

Ursache

- Im Alter von etwa 4 Monaten beginnt der Zahnwechsel von 28 Milchzähnen zu 42 »erwachsenen« Zähnen. Dies liegt daran, dass nicht alle erwachsenen Zähne auch als Milchzähne vorhanden sind.
- Während des Zahnwechsels kann es vorkommen, dass Milchzähne nicht ausfallen und neben den erwachsenen Zähnen im Kiefer bleiben. Dies führt zu fehlerhaftem Zahnschluss.
- Falsche Zahnstellungen können durch eine genetisch bedingte Verkürzung des Ober- oder Unterkiefers zustande kommen oder durch unvollständigen Zahnwechsel.

Was können Sie tun?

➤ Regelmäßige Kontrolle des Hundegebisses besonders im Zahnwechselalter; sind Sie sich unsicher, fragen Sie Ihren Tierarzt um Rat.
➤ Um bleibenden Schäden im Gebiss vorzubeugen, kann es erforderlich sein, Zähne zu ziehen, zu kürzen oder eine Zahnspange einzusetzen. Dies wird aber nur von Tierärzten durchgeführt, die sich auf Tierzahnheilkunde spezialisiert haben.

ZAHNSTEIN, ZAHNFLEISCHENTZÜNDUNG, ZAHNBRUCH, ZAHNFISTELN

Was hat Ihr Hund?

➤ Mundgeruch
➤ Rotes, verdicktes Zahnfleisch
➤ Bräunlich gelblicher Belag auf den Zähnen
➤ Schwellungen unter dem Auge
➤ In fortgeschrittenen Fällen eitrige Stelle unter dem Auge
➤ Speichelfluss
➤ Schluckstörungen

Ursache

• Sehr viele, vor allem kleine Hunderassen neigen zu starker Zahnsteinbildung. Dieses sind harte Beläge auf den Zähnen. Der Zahnstein führt durch eine massive Bakterienansammlung zu Zahnfleischentzündung, Zahnlockerung und Zahnverlust.
• Durch intensives Benagen von Stöckchen und Steinen können Zähne abbrechen, der Wurzelkanal kann eröffnet werden. Bakterien, die durch den Wurzelkanal eindringen, können zu Infektionen des Zahnfaches im Kiefer führen. Dies kann in fortgeschrittenem Stadium zu einer Fistelbildung, meist unterhalb des Auges, führen, da häufig der Hauptbackenzahn im Oberkiefer betroffen ist.
• Manchmal bricht auch der komplette Zahn mit seiner Wurzel heraus.
• Fehlgestellte Zähne können zu Zahnfleischentzündungen oder Fisteln führen, wenn sie sich in das Zahnfleisch einbohren.

Was können Sie tun?

➤ Bei Zahnsteinbildung und Zahnfleischentzündung muss der Zahnstein in Vollnarkose mit einem Ultraschallgerät entfernt werden. Die Hunde lassen sich dies nicht ohne Narkose gefallen, weil diese Maßnahme schmerzhaft ist und weil sie den Ultraschallton des Zahnsteinentfernungsgerätes als sehr unangenehm empfinden.
➤ Meist ist nach einer Zahnsteinentfernung eine Behandlung mit antibiotischen Tabletten erforderlich, um die Zahnfleischentzündung zu bekämpfen.
➤ Abgebrochene Zähne mit eröffnetem Wurzelkanal können gefüllt werden.
➤ Vollständig ausgebrochene Zähne können wieder eingesetzt und mit einer Zahnspange geschient werden.

MERKE!

Der Bildung von Zahnstein kann man nur durch Zähneputzen vorbeugen. Deshalb empfiehlt es sich, damit bereits im Welpenalter zu beginnen (Seite 18).

Vollständig ausgebrochene Zähne in Milch (kein Druckfehler!) legen und zum Tierarzt mitnehmen.

Achtung: Holzsplitter können sich in der Mundhöhle verkeilen.

Erkrankungen der Mundhöhle, Speicheldrüsenzysten

ZAHNFLEISCHTUMOREN

Was hat Ihr Hund?

➤ Blutungen aus dem Mund beim Fressen
➤ Zähne werden von rosa, fleischiger Masse bedeckt
➤ Mundgeruch
➤ Speicheln

Ursache

- Wucherungen des Zahnfleischs kommen vor allem bei älteren Hunden häufig vor.
- Bei bestimmten Rassen, wie Boxern, Cocker Spaniels oder Vorstehhunden, findet man Zahnfleischtumoren besonders häufig.
- Sie können gutartig sein. Dazu gehören Epuliden (derbe, knochige Wucherungen) oder Papillome (warzenartige Wucherungen).
- Sie können bösartig sein, beispielsweise Plattenepithelkarzinome oder Fibrosarkome, und bilden häufig Tochtergeschwülste (Metastasen).

Was können Sie tun?

➤ Zahnfleischwucherungen müssen vom Tierarzt operativ entfernt werden.
➤ In fortgeschrittenen Fällen ist eine Röntgenuntersuchung notwendig, da bösartige Zahnfleischtumoren auf den Kieferknochen übergreifen können.
➤ Die entfernten Tumoren sollten von einem Speziallabor untersucht werden, um festzustellen, um welche Tumorart es sich handelt.

SPEICHELDRÜSENZYSTEN

Was hat Ihr Hund?

➤ Speichelfluss
➤ Blasige Verdickung unter oder neben der Zunge
➤ Schluckstörungen
➤ Verdickung am Hals

Ursache

- Die Speicheldrüsen des Hundes liegen am Hals und unter der Zunge. Die Ausführungsgänge dieser Drüsen können verstopfen, der Speichel sammelt sich in den Drüsen und lässt diese anschwellen.
- Die zarten Ausführungsgänge der Speicheldrüsen können reißen und zur Ansammlung von Speichel im umgebenden Gewebe führen.

Was können Sie tun?

➤ Die Zysten müssen vom Tierarzt operativ eröffnet beziehungsweise entfernt werden. Für diesen Eingriff ist eine Narkose erforderlich.

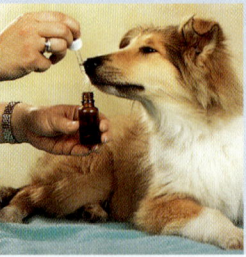

Vor Operationen kann man den Hund mit Bach-Blüten beruhigen.

NASENSCHLEIMHAUTENTZÜNDUNG

Was hat Ihr Hund?

➤ Niesen, Schniefen
➤ Nasenausfluss, der wässrig, eitrig oder blutig sein kann

Ursache

• Infektionen mit Viren, Bakterien, Pilzen
• Fremdkörper in der Nase, wie kleine Grasgrannen, Tannennadeln etc.
• Tumoren

Was können Sie tun?

➤ Klarer Nasenausfluss: Nase reinigen, mit Kamillenlösung abwaschen, Kamillendampf inhalieren lassen
➤ Eitriger, blutiger Nasenausfluss muss vom Tierarzt behandelt werden. Manchmal ist zur Diagnosestellung, vor allem bei einseitigem Nasenausfluss, eine Endoskopie erforderlich. Hierzu wird unter Vollnarkose ein Rohr in die Nase eingeführt, um sich die Nasenschleimhaut von innen anschauen zu können und, falls erforderlich, Proben von dem veränderten Gewebe zu entnehmen.
➤ Je nach Ursache wird mit Antibiotika oder Pilzmitteln behandelt.
➤ Tumoren müssen operativ entfernt werden, was aber wegen der ungünstigen Platzverhältnisse sehr schwierig ist.

RACHEN- UND LUFTRÖHRENENTZÜNDUNG

Was hat Ihr Hund?

➤ Husten, Würgen
➤ Erbrechen von Schleim, Schaum oder Futter
➤ Schnarchen, röchelnde Atmung
➤ Fieber
➤ Fressunlust

Ursache

• Virusinfektionen (Zwingerhusten, Seite 66)
• Bakterielle Infektionen
• Zu enger Kehlkopf
• Mandelentzündungen
• Chronisch gereizter Kehlkopf durch Zug am Halsband

Was können Sie tun?

➤ In leichten Fällen warmen Schal um den Hals wickeln
➤ Kamillendampf inhalieren lassen
➤ Schleim lösende Medikamente
➤ Bei Fieber und Störungen des Allgemeinbefindens müssen zusätzlich Antibiotika und Medikamente zur Stimulierung des Immunsystems gegeben werden.
➤ Bei chronischer Kehlkopfreizung durch Zug am Halsband sollten Sie ein Brustgeschirr anschaffen.
➤ Bei immer wiederkehrenden Mandelentzündungen kann es notwendig sein, die Mandeln operativ zu entfernen.

BLUTOHR (OTHÄMATOM)

Was hat Ihr Hund?

➤ Kopfschütteln, Stehohr hängt nach unten
➤ Weiche, nicht schmerzhafte Schwellung des Ohrlappens

Ursache

• Blutansammlung zwischen der Haut des Ohrlappens und dem Ohrknorpel
• Blutungen durch intensives Kopfschütteln bei Juckreiz, Anschlagen des Ohrlappens an Gegenständen oder bei Ohrenentzündungen

Was können Sie tun?

➤ In seltenen Fällen gelingt es im Anfangsstadium der Erkrankung, durch Ohrenverbände und Auflegen von Cold Packs (Seite 124) die Blutung zu stoppen und die Erkrankung zurückzudrängen.
➤ In schwereren Fällen muss der Tierarzt das Blut absaugen und mit Kortisoninjektionen und nachfolgendem Kopfverband behandeln.
➤ Wenn auch dies nicht zum Erfolg führt, muss operiert werden.

MERKE!
Bei allen Maßnahmen besteht die Gefahr, dass der Ohrknorpel Schaden nimmt und sich ein »Schrumpelohr« entwickelt.

Ein Blutohr muss verbunden werden.

ENTZÜNDUNGEN DES GEHÖRGANGS

Was hat Ihr Hund?

➤ Kratzt sich in den Ohren, Kopfschütteln
➤ Lässt sich nicht an den Ohren anfassen
➤ Bräunlich gelblicher, stinkender Ausfluss aus den Ohren

Ursache

• Entzündung des äußeren Gehörgangs infolge Bakterien, Pilzen oder Parasiten wie Ohrmilben
• Begünstigend wirken enger kleiner Gehörgang, viele Haare im Gehörgang, vermehrte Ohrschmalzbildung, Allergien
• Fremdkörper im Gehörgang
• Tumoren

Was können Sie tun?

➤ Die genaue Diagnose muss vom Tierarzt gestellt werden.
➤ Je nach Ursache werden Tinkturen, Salben oder Cremes angewandt.
➤ Fremdkörper und Tumoren werden unter Narkose entfernt.
➤ Bei chronischen oder wiederkehrenden Gehörgangsentzündungen, vor allem bei engen Gehörgängen, muss der Gehörgang operativ eröffnet werden, damit die Entzündung abheilen kann.

MERKE!
Bei Hunden, die Probleme mit ihren Gehörgängen haben, ist regelmäßige Reinigung und Kontrolle der Ohren (Seite 19) wichtig.

MITTELOHRENTZÜNDUNG/GERIA- TRISCHES VESTIBULARSYNDROM

Was hat Ihr Hund?

➤ Hält den Kopf schief
➤ Augenrollen, Schielen
➤ Schwankender Gang, Gleichgewichtsstörungen, Im-Kreis-Laufen

Ursache

• Mittel- und Innenohrentzündungen nach voraus- gegangener Entzündung des äußeren Gehör- gangs
• Tumoren
• Riss im Trommelfell
• Beim Geriatrischen Vestibularsyndrom ist die Ursache nicht bekannt. Wahrscheinlich sind Durchblutungsstörungen des Innenohres die Ursache. Fälschlicherweise wird diese Erkran- kung auch als Schlaganfall bezeichnet. Sie tritt vor allem bei alten Hunden auf.

Was können Sie tun?

➤ Bakterielle Infektionen werden nach Bestim- mung des Keims mit einer Tupferprobe mit Anti- biotika behandelt.
➤ Manchmal muss zusätzlich eine Röntgenauf- nahme, Ultraschalluntersuchung oder sogar ein Computertomogramm zur Abklärung eines Tumors als Ursache angefertigt werden.
➤ Das Geriatrische Vestibularsyndrom wird mit Kortison, durchblutungsfördernden Medikamen- ten und Vitamin-B-Präparaten behandelt.

TAUBHEIT, SCHWERHÖRIGKEIT

Was hat Ihr Hund?

➤ Keine oder kaum Reaktion auf Geräusche
➤ Junge Hunde mit angeborener Taubheit bellen selten, reagieren nicht auf Rufen, lassen sich aus dem Schlaf nicht durch Lärm wecken.
➤ Alte Hunde hören bestimmte Frequenzen nicht mehr, wie Klingeln, Öffnen der Kühlschranktür.

Ursache

• Angeborene Taubheit kommt bei Dalmatinern, Terriern und Border Collies häufiger vor.
• Erworbene Taubheit bei älteren Hunden kann durch Mittel- und Innenohrentzündungen, dau- ernden Lärm (wie Schüsse bei Jagdhunden), Infektionskrankheiten wie Staupe oder altersbe- dingte Veränderungen der Hörnerven entstehen.

Was können Sie tun?

➤ Die Diagnose wird vom Tierarzt mit einem Taub- heitstest gestellt. Dies ist nicht einfach, weil man oft nicht sicher feststellen kann, ob der Hund völlig taub ist.
➤ Mit der so genannten Hirnstamm-Audiometrie wird gemessen, ob die Hörnerven auf akusti- sche Signale reagieren. Diese Untersuchung kann nur in einer Spezialklinik durchgeführt werden.
➤ Angeborene Taubheit ist nicht heilbar. Weil sie vererbt wird, sollten betroffene Elterntiere von der Zucht ausgeschlossen werden.
➤ Erworbene Taubheit muss je nach Grundkrank- heit behandelt werden.

... im Rumpfbereich

Inhalt dieses Kapitels sind Erkrankungen, die die Brusthöhle und die Bauchorgane betreffen. Eine Übersicht über die Lage der Organe finden Sie auf Seite 117.

Das finden Sie in diesem Kapitel

➤ Erkrankungen des Bauchraums (Seite 81–82, 87)
➤ After- und Darmerkrankungen (Seite 83–85)
➤ Lebererkrankungen (Seite 86)
➤ Magenerkrankungen (Seite 87–89)
➤ Milzerkrankungen (Seite 89)
➤ Erkrankungen des Harntrakts (Seite 90–92)
➤ Erkrankungen der Atemwege (Seite 93–95)
➤ Verletzungen der Brusthöhle (Seite 96)
➤ Herzerkrankungen (Seite 97)

➤ Nierenversagen und Herzklappenproblemen bei alten Hunden kann man mit regelmäßiger Zahnpflege vorbeugen. Zahnbeläge bei Hunden enthalten sehr viele Bakterien, die über die Blutbahn in die Nieren und Herzklappen gelangen können und dort chronische Entzündungen hervorrufen können (Zähne putzen, Seite 18).

➤ Durchfall: Ursachen für Durchfallerkrankungen können auch Futtermittel sein, die Ihr Hund nicht verträgt. Hunde können im Lauf ihres Lebens Unverträglichkeiten gegen verschiedene Futterbestandteile entwickeln und vertragen plötzlich das Futter nicht mehr, welches sie schon über Jahre hinweg bekommen haben. Auch überlagertes Futter kann zu Darmproblemen führen. Deshalb auf das Verfallsdatum achten.

➤ Nabelbrüche: Kleinere Nabelbrüche bei Hündinnen muss man nicht sofort operieren, wenn die Hündin kastriert werden muss (Seite 16). Da der Nabel im Gebiet der Schnittführung bei der Kastration liegt, kann man den Nabelbruch bei diesem Eingriff gleich mit beseitigen.

BAUCHFELLENTZÜNDUNG

Was hat Ihr Hund?

➤ Schmerzen beim Berühren des Bauches
➤ Aufgekrümmter Rücken
➤ Apathie, Fieber
➤ Fressunlust, Erbrechen

Ursache

• Fremdkörper im Magen-Darm-Trakt
• Eröffnete Gebärmutterentzündung
• Andere Eiterherde
• Eröffnung der Bauchhöhle nach einem Unfall
• Akute Bauchspeicheldrüsenentzündung
• Da das Bauchfell (Innenauskleidung der Bauch-
  höhle) sehr gut durchblutet ist, greifen Entzün-
  dungen sehr schnell auf den gesamten Organis-
  mus über.

Was können Sie tun?

➤ Der Tierarzt stellt die Diagnose durch Blutuntersuchung, Röntgen, Ultraschall und eventuell
  Punktion der Bauchhöhle.
➤ Je nach Ursache muss die Bauchhöhle eröffnet
  werden, damit das Entzündungssekret abfließen
  kann beziehungsweise damit man die Bauchhöhle spülen kann. Daneben werden Antibiotika
  und Schmerzmittel gegeben. Dazu ist meist ein
  Aufenthalt in einer Tierklinik notwendig.
➤ Bei einer Bauchfellentzündung besteht immer
  die Gefahr einer Darmlähmung. Deswegen sollte
  man einen erkrankten Hund nur mit kleinen
  Mengen leicht verdaulicher Nahrung füttern.

ZUCKERKRANKHEIT (DIABETES MELLITUS)

Was hat Ihr Hund?

➤ Vermehrter Durst
➤ Vermehrter Urinabsatz
➤ Mattigkeit
➤ Übermäßiger Appetit mit gleichzeitiger Abma-
  gerung
➤ Verlust des Sehvermögens
➤ Hündinnen sind häufiger betroffen als Rüden.

Ursache

• Unterfunktion der Bauchspeicheldrüse. Es wird
  nicht mehr genügend Insulin gebildet. Dies
  führt zum Anstieg des Blutzuckerspiegels und
  zu massiven Stoffwechselstörungen. Der über-
  schüssige Zucker ist im Urin nachweisbar.

Was können Sie tun?

➤ Die Diagnose wird vom Tierarzt mittels Urin- und
  Blutuntersuchung gestellt. Die Zuckerkrankheit
  tritt manchmal zusammen mit dem Cushing-
  Syndrom (Seite 54) auf.
➤ Um das fehlende Insulin zu ersetzen, müssen
  die Hunde mit Insulin gespritzt werden und eine
  Diät einhalten. Das ist einfacher, als man denkt,
  und tut dem Hund nicht weh.
➤ Anhand der Zuckerausscheidung im Urin kann
  man zu Hause kontrollieren, ob die Erkrankung
  durch die Insulingaben besser wird.
➤ Es gibt Formen der Zuckerkrankheit, die auf
  Insulingaben nicht ansprechen.

UNTERFUNKTION DER BAUCH-SPEICHELDRÜSE (EXOKRINE PANKREASINSUFFIZIENZ)

Was hat Ihr Hund?

➤ Abmagerung trotz gutem Appetit
➤ Gelblich schmierige Durchfälle
➤ Kommt bei Schäferhunden häufiger vor
➤ Erkrankte Hunde fressen oft Kot.

Ursache

- Die Bauchspeicheldrüse produziert neben Insulin auch Enzyme, die für die Fettverdauung verantwortlich sind. Werden diese Enzyme nicht in ausreichendem Maß produziert und in den Darm abgegeben, kann das in der Nahrung enthaltene Fett vom Hund nicht verdaut werden. Es kommt zu Abmagerung und Durchfall.
- Daneben sind die Kohlenhydrat- und die Eiweißverdauung der erkrankten Hunde gestört.
- Am häufigsten ist die angeborene Pankreasinsuffizienz beim Schäferhund. Sie tritt meist im Alter von 18 bis 24 Monaten auf.

Was können Sie tun?

➤ Die Diagnose kann vom Tierarzt mittels Blutuntersuchungen gestellt werden.
➤ Die Erkrankung ist unheilbar, so dass die Hunde lebenslang Bauchspeicheldrüsenenzyme in Tabletten- oder Pulverform mit der Nahrung verabreicht bekommen müssen. Trotzdem kann es immer wieder zu Durchfallperioden kommen, die dann behandelt werden müssen.

BAUCHWASSERSUCHT

Was hat Ihr Hund?

➤ Mattigkeit
➤ Dicker, birnenförmiger Bauch, der bei Bewegung hin- und herschwabbelt

Ursache

- Bei einer Bauchwassersucht sammelt sich Wasser, Eiter oder Blut in der Bauchhöhle an.
- Sie kann im Zusammenhang mit Leber- und Herzerkrankungen entstehen, kommt aber auch bei Stauungen in Blutgefäßen, massivem Parasitenbefall oder bei Bauchfellentzündung (Seite 81) vor.
- Bauchwassersucht kann als Folge von Organverletzungen nach Unfällen entstehen, wenn Blutgefäße der Organe reißen und in die Bauchhöhle bluten.

Was können Sie tun?

➤ Mit Hilfe von Laboruntersuchungen, Röntgen und Ultraschall stellt der Tierarzt seine Diagnose.
➤ Manchmal ist es nötig, die Bauchhöhle zu punktieren, um die Flüssigkeit zu untersuchen oder um sie abzulassen.
➤ Die Grundkrankheit muss dann entsprechend behandelt werden.
➤ Erkrankte Hunde müssen stressfrei gehalten werden, sollten wenig bewegt werden und leicht verdauliche Nahrung zu fressen bekommen.

ANALDRÜSENVERSTOPFUNG, ABSZESSE UND TUMOREN

Was hat Ihr Hund?

➤ Juckreiz am Po, fährt Schlitten, leckt sich am Po
➤ Schwellung, auch blutend, am und um den Po, Schmerzhaftigkeit am Po

Ursache

- Die Analdrüsen (Seite 116) produzieren ein stinkendes, bräunliches Sekret, das beim Kotabsatz entleert wird.
- Sind die Ausführungsgänge verstopft oder ist das Sekret zu dickflüssig, sammelt es sich in den Drüsen an, kann sich entzünden und als Abszess neben dem Po aufbrechen.
- Vorwiegend bei älteren Rüden können sich Tumoren der Analdrüsen bilden, die blutig aufbrechen und nicht mehr abheilen.

Was können Sie tun?

➤ Verstopfte Analdrüsen kann man ausdrücken. Lassen Sie sich vom Tierarzt zeigen, wie es gemacht wird.
➤ Entzündungen und Abszesse mit antibiotischen Lösungen spülen und mit Antibiotika behandeln
➤ Bei wiederkehrenden Entzündungen können die Analdrüsen operativ entfernt werden.
➤ Die Tumoren sind meist gutartig und können operativ entfernt werden.
➤ Eine gleichzeitige Kastration des Rüden beugt der Neubildung vor, da das Wachstum dieser Tumoren durch das im Hoden gebildete männliche Geschlechtshormon begünstigt wird.

FISTELN AM AFTER (PERIANALFISTELN), PERIANALTUMOREN

Was hat Ihr Hund?

➤ Juckreiz am After
➤ Kleine blutende Geschwüre am After
➤ Schlittenfahren

Ursache

- Perianalfisteln sind Entzündungen der Haut und der Schleimhaut um den After.
- Vor allem Schäferhunde mittleren Alters sind betroffen.
- Die Ursachen für die Erkrankung sind unklar, man vermutet eine Störung des Immunsystems.
- Perianaltumoren sind kleine, meist gutartige Tumoren, die von kleinen Drüsen um den After ausgehen. Sie haben eine schlechte Heilungstendenz und brechen immer wieder auf. Fast immer sind ältere Rüden von der Erkrankung betroffen.

Was können Sie tun?

➤ Perianalfisteln zeigen eine schlechte Heilungstendenz. Man kann versuchen, sie mit Kältebehandlung zu veröden, operativ zu entfernen oder mit Medikamenten, die das Immunsystem unterdrücken, zu behandeln.
➤ Perianaltumoren können operativ entfernt werden. Die Rüden sollten gleichzeitig kastriert werden, da das Wachstum dieser Tumoren durch das männliche Geschlechtshormon, das im Hoden gebildet wird, gefördert wird.

AKUTER UND CHRONISCHER DURCHFALL

Was hat Ihr Hund?

➤ Durchfall
➤ Schleimiger, dünnbreiiger Kot mit Blutfetzen
➤ Der Hund setzt viele kleine Kotportionen ab.
➤ Fressunlust
➤ Bauchschmerzen
➤ Laute Darmgeräusche, die auch von außen hörbar sind
➤ Erbrechen
➤ Fieber
➤ Mattigkeit
➤ Abmagerung
➤ Siehe auch akute Magenschleimhautentzündung (Seite 87).

Ursache

• Infektionen mit Bakterien und Viren
• Infektion mit Würmern
• Infektion mit einzelligen Parasiten
• Vergiftungen
• Fressen von Aas oder verdorbenem Futter, das die Hunde auf dem Spaziergang aufnehmen
• Allergien, Futtermittelunverträglichkeit
• Fremdkörper, die nicht zum vollständigen Darmverschluss führen
• Lebererkrankungen
• Erkrankungen der Bauchspeicheldrüse
• Immer wiederkehrende Durchfälle können auf eine chronische Entzündung des Dickdarms zurückzuführen sein, vor allem wenn der Kot Schleimbeimengungen enthält.

Was können Sie tun?

➤ In leichten Fällen lassen Sie den Hund einen Tag hungern. Anschließend geben Sie ihm eine Diät, bestehend aus mit Wasser gekochtem Haferschleim, gekochtem Reis, magerem gekochtem Hühnchen- oder Rindfleisch mit einer kräftigen Prise Salz.
➤ Füttern Sie mehrere kleine Portionen pro Tag.
➤ Auch Hüttenkäse oder Quark sind geeignet.
➤ Die Diät 3 bis 4 Tage geben.
➤ Sobald der Stuhlgang wieder normal ist, geben Sie Ihrem Hund das gewohnte Futter.
➤ Siehe auch Notfallbremse-Tee (Seite 31).
➤ Bei Durchfällen mit Störungen des Allgemeinbefindens, vor allem bei Welpen, zur Ursachenabklärung den Tierarzt aufsuchen.

MERKE!

Wenn sich der Durchfall trotz Ihrer Behandlung nicht nach 2 bis 3 Tagen bessert, sollten Sie zum Tierarzt gehen. Nehmen Sie dann auch eine Kotprobe mit. Manchmal ist es bei Durchfallerkrankungen notwendig, den Kot auf Parasiten oder Bakterien zu untersuchen.

Ungewohntes Futter kann zu Darmproblemen führen.

DARMVERDREHUNG, DARMVERSCHLUSS

Was hat Ihr Hund?

➤ Appetitlosigkeit
➤ Erbrechen, auch Wasser wird nach dem Trinken erbrochen.
➤ Schmerzhafter Bauch

Ursache

- Die häufigsten Ursachen für Darmverschlüsse sind Fremdkörper, die abgeschluckt werden, den Magen passieren und dann im Dünndarm stecken bleiben. Dies können Steine, Spielzeugteile, Knochen etc. sein. Junge Hunde sind häufiger betroffen als ältere.
- Es kann aber auch vorkommen, dass der Fremdkörper im Magen liegen bleibt, in der Speiseröhre feststeckt, dass sich Dünndarmteile ineinander schieben oder der Dünndarm sich um seine eigene Achse dreht. Diese Erkrankungen verlaufen sehr schnell und führen rasch zu einer deutlichen Störung des Allgemeinbefindens.
- Darmlähmungen nach Vergiftungen, vorangegangenen Bauchhöhlenoperationen und nach Virusinfektionen

Was können Sie tun?

➤ Ein Darmverschluss ist ein Notfall und bedarf unverzüglicher tierärztlicher Behandlung.
➤ Fremdkörper müssen operativ entfernt werden.
➤ Wenn bereits Darmteile abgestorben sind, müssen diese entfernt werden.

VERSTOPFUNG (KOPROSTASE)

Was hat Ihr Hund?

➤ Er versucht Kot abzusetzen, aber ohne Erfolg; beim Pressen stülpt sich der After vor.
➤ Er setzt kleine Mengen wässrigen oder blutigen Schleims ab.
➤ Harter Bauch

Ursache

- Meist wird die Verstopfung von einer großen Menge unverdaulichen Futters hervorgerufen. Häufig ist übermäßige Knochenfütterung die Ursache.
- Auch eine vergrößerte Prostata bei alten Rüden (Seite 106) oder Perinealhernien (Seite 87) können die Ursache sein.

Was können Sie tun?

➤ Der Tierarzt stellt die Diagnose nach einer Röntgenuntersuchung.
➤ Mit Einläufen wird er versuchen, den festen Kot gleitfähiger zu machen.
➤ In schweren Fällen muss der Kot vom Tierarzt durch den Enddarm zerkleinert oder durch eine Bauchhöhlenoperation entfernt werden.

MERKE!
Geben Sie Ihrem Hund zur Gebisspflege keine Knochen zu fressen. Füttern Sie stattdessen lieber Büffelhautkauknochen oder Ähnliches aus dem Zoofachgeschäft.

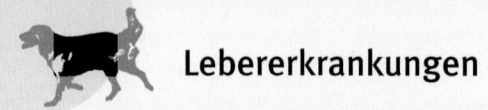

Lebererkrankungen

AKUTE/CHRONISCHE LEBERENTZÜNDUNG (HEPATITIS), LEBERTUMOREN, LEBERVERFETTUNG, LEBERZIRRHOSE

Was hat Ihr Hund?

➤ Mattigkeit, Fieber
➤ Appetitlosigkeit
➤ Durchfall, Abmagerung
➤ Gelbliche Schleimhäute
➤ Dunkel verfärbter Urin
➤ Bauchwassersucht (Seite 82)
➤ Dicker, schmerzhafter Bauch
➤ Manchmal schleichender Krankheitsverlauf

Ursache

• Infektionen mit Viren, Bakterien, Parasiten
• Vergiftungen
• Zuckerkrankheit
• Cushing-Syndrom
• Medikamentenüberdosierungen
• Herzerkrankungen
• Fettsucht
• Störungen des Immunsystems (bei Dobermännern)
• Störungen im Kupferstoffwechsel (bei Bedlington Terriern und West Highland Terriern)
• Tumoren
• Altersbedingte oder im Anschluss an Erkrankungen entstehende Einlagerungen von Bindegewebe in die Leberzellen (Leberfibrose)
• Schrumpfung der Leberzellen
• Absterben von Leberzellen (Leberzirrhose)
• Ursache in vielen Fällen unbekannt
• Da die Leber das wichtigste Stoffwechselorgan im Körper ist, führt eine Lebererkrankung zu schweren Ausfallserscheinungen.

Was können Sie tun?

➤ Die genaue Diagnose wird vom Tierarzt durch Blutuntersuchung, Harnuntersuchung, Röntgen und Ultraschall gestellt. Manchmal kann es erforderlich sein, eine Gewebeprobe aus der Leber zu entnehmen.
➤ Die Therapie richtet sich nach der Grundkrankheit. In der Regel werden die Patienten mit einer Leberschondiät (siehe unten) ernährt und bekommen Antibiotika.
➤ Leberzirrhosen sind nicht heilbar.
➤ Lebertumoren können operiert werden, die Heilungsaussichten sind hierbei jedoch meist schlecht, da häufig Tochtergeschwülste (Metastasen) in anderen Organen vorliegen.
➤ Leberverfettung entsteht im Zusammenhang mit einer Zuckerkrankheit.
➤ Leberverfettung kann auch durch Fettsucht des Hundes entstehen. Hunde sind heute eher über- als untergewichtig. Ergreifen Sie deshalb rechtzeitig Diätmaßnahmen. Wiegen Sie Ihren Hund regelmäßig und tragen Sie das Gewicht in eine Tabelle ein. Viele Tierarztpraxen bieten Abmagerungsdiätprogramme für übergewichtige Hunde an.
➤ Leberschondiät: Sie muss kohlenhydratreich sowie eiweiß- und fettarm sein und sollte aus Reis, Kartoffeln oder Haferschleim (Anteil 2/3) und Hüttenkäse oder Magerquark (1/3) bestehen. Zusätzlich reichen Sie 1 Teelöffel Pflanzenöl pro 10 kg Körpergewicht des Hundes. Zur Geschmacksverbesserung dient etwas Fleischbrühe. Um die Vitaminversorgung zu gewährleisten, sollte ein Vitaminpräparat (Tierarzt oder Zoofachhandel) zugesetzt werden.

EINGEWEIDEBRÜCHE (HERNIEN)

Was hat Ihr Hund?

➤ Vorwölbung im Bereich des Bauchnabels (Nabelbruch)
➤ Weiche, teigige Vorwölbung neben dem After mit Kotabsatzbeschwerden und Verstopfung (Perinealhernie)
➤ Weiche, teigige Vorwölbung in der Flanke an der unteren Bauchseite (Leistenhernie)

Ursache

• Eingeweidebrüche sind Vorwölbungen von Eingeweideteilen mit Riss oder abnormer Ausweitung des Bauchfells.
• Sie sind angeboren (Nabelbrüche) oder durch Unfälle oder andere Erkrankungsursachen erworben.

Was können Sie tun?

➤ Eingeweidebrüche sollten vom Tierarzt operiert werden, da sie entweder mit Beschwerden einhergehen (Perinealhernie) oder die Gefahr besteht, dass sich Eingeweideteile in der Bruchpforte (Loch der Bauchdecke) einklemmen und absterben.
➤ Perinealhernien kommen vorwiegend bei älteren Rüden vor. Die Hunde sollten bei der Operation gleichzeitig kastriert werden, da das männliche Geschlechtshormon die Entstehung dieser Erkrankung begünstigt.

AKUTE MAGENSCHLEIMHAUTENTZÜNDUNG (GASTRITIS)

Was hat Ihr Hund?

➤ Erbrechen
➤ Akut häufig hintereinander oder in regelmäßigen Abständen wiederkehrend Durchfall (Seite 84)
➤ Appetitlosigkeit
➤ Mattigkeit, Fieber
➤ Bauchschmerzen

Ursache

• Infektionen mit Viren, Bakterien
• Vergiftungen, Medikamentenunverträglichkeiten, verdorbenes Futter
• Leberentzündungen
• Nierenschäden
• Die Magenschleimhautentzündung kommt oft in Kombination mit einer Darmentzündung vor.
• Das Bakterium Helicobacter pylori, das beim Menschen Magengeschwüre verursacht, führt beim Hund zu Magenschleimhautentzündungen. Wahrscheinlich ist es vom Hund auf den Menschen übertragbar.

Was können Sie tun?

➤ Den Hund 12 Stunden hungern lassen, auf ausreichende Wasserzufuhr achten. Danach Schonkost (Diät bei Durchfall, Seite 84).
➤ Vor allem bei Störungen des Allgemeinbefindens und bei Erbrechen über mehrere Tage müssen die Hunde vom Tierarzt behandelt werden.

Magenerkrankungen

MAGENDREHUNG

Was hat Ihr Hund?

➤ Dicker Bauch
➤ Schwäche
➤ Erbricht Schaum, der wie geschlagenes Eiweiß aussieht, oder versucht erfolglos zu erbrechen
➤ Hecheln
➤ Schneller flacher Puls
➤ Große Hunderassen sind häufiger betroffen. Besonders anfällig für diese Erkrankung sind Schlittenhunde.
➤ Die Erkrankung tritt typischerweise nachts oder in den frühen Morgenstunden auf.

Ursache

• Bei ruckartigen Bewegungen des Hundes kann sich vor allem nach der Aufnahme einer großen Futtermenge der an seinen Bändern nur locker aufgehängte Magen um seine eigene Längsachse drehen. Dies bewirkt, dass Mageneingang und -ausgang abgedreht sind. Es können weder Gase noch Futterbrei hinein und hinaus.
• Durch zunehmende Gasentwicklung im Magen drückt dieser auf das Zwerchfell, die Lunge und das Herz. Die Atmung wird behindert.
• Der Magen bläht sich durch Gasentwicklung in seinem Inneren immer weiter auf, der Bauchumfang des Hundes nimmt rasch zu. Durch den großen Magen werden die großen, lebenswichtigen Blutgefäße im Bauchraum abgedrückt.
• Da die Milz meist mit gedreht ist, kommt es schnell zu Kreislaufversagen, Atemnot und Tod.

Was können Sie tun?

➤ Eine Magendrehung ist ein Notfall und bedarf sofortiger tierärztlicher Behandlung.
➤ In der Regel ist eine Bauchhöhlenoperation nötig. Dabei wird der Magen eröffnet, der Inhalt abgelassen und der Magen wieder in seine richtige Lage verbracht. Um zu vermeiden, dass der Magen sich später wieder dreht, kann man ihn an der Bauchwand festnähen.
➤ Nach der Operation wird der Hund einige Tage künstlich ernährt. Danach bekommt er eine Diät (Seite 84).
➤ Da diese Erkrankung meist zu einer sehr schlechten Kreislaufsituation des Hundes führt, ist dieser Eingriff risikoreich, stellt aber die einzige Therapiemöglichkeit dar.

MERKE!
Um Magendrehungen vorzubeugen, sollten Sie Ihren Hund zweimal täglich füttern. Lassen Sie ihn unbedingt nach dem Fressen ruhen und nicht spielen oder toben. Auch sollten sich Hunde nach dem Fressen nicht im Liegen wälzen.

Nach dem Fressen sollten Hunde nicht toben.

MAGENGESCHWÜRE UND -TUMOREN

Was hat Ihr Hund?

➤ Erbrechen akut oder chronisch, manchmal mit Blutbeimengungen
➤ Schmerzhafter Bauch
➤ Schwarzer Stuhl

Ursache

- Chronische Magenschleimhautentzündungen führen dazu, dass die im Magen produzierte Salzsäure die Magenwand angreift und diese zerfrisst. Im schlimmsten Fall kann es zu einem Durchbruch der Magenwand in die Bauchhöhle kommen. Die Ursachen entsprechen denen der Magenschleimhautentzündung (Seite 87).
- Magentumoren können sich aus einem Magengeschwür entwickeln, aber auch andere Ursachen haben.

Was können Sie tun?

➤ Die Diagnose wird vom Tierarzt mittels Röntgenuntersuchung und endoskopischer Untersuchung gestellt. Eventuell muss hierbei auch eine Probe aus der Magenwand entnommen werden.
➤ Die Therapie besteht in operativer Entfernung der geschwürigen Veränderungen, einer speziellen Magen-Darm-Diät (Durchfall, Seite 84), Medikamenten, die die Produktion von Salzsäure im Magen vermindern, und Antibiotika.

MILZTUMOR, MILZRISS, MILZDREHUNG

Was hat Ihr Hund?

➤ Bauchschmerzen
➤ Bei akutem Milzriss blasse Schleimhäute, dicker Bauch, flacher schneller Puls, Atemnot

Ursache

- Die Milz ist neben dem Knochenmark das wichtigste Blutbildungsorgan. Außerdem dient sie bei Hunden als Blutspeicherorgan. Sie liegt in der Nähe des Magens.
- Bei Unfällen kann sie reißen, dann besteht die Gefahr des Verblutens in die Bauchhöhle. Es kann ebenso zu Milzdrehungen kommen, die weniger dramatisch verlaufen.
- Da die Milz sehr gut durchblutet ist, siedeln sich oft Krebszellen in ihr an und Tumoren entstehen. Platzen diese auf, besteht wiederum die Gefahr des innerlichen Verblutens.

Was können Sie tun?

➤ Die Diagnose wird vom Tierarzt mittels Röntgen und Ultraschalluntersuchung und eventuell durch Punktion der Bauchhöhle gestellt.
➤ Eine akute Blutung muss sofort operiert werden. Hierbei wird die Milz entfernt.
➤ Ebenso verfährt man bei Tumoren und Milzdrehungen. Bei einer Tumorerkrankung muss jedoch abgeklärt werden, ob andere Tumoren im Körper vorhanden sind.

BLASENENTZÜNDUNG

Was hat Ihr Hund?

➤ Schmerzen beim Wasserlassen
➤ Tröpfchenweiser Urinabgang, manchmal blutig oder dunkel verfärbt
➤ Viele erfolglose Versuche Wasser zu lassen
➤ Vermehrter Durst
➤ Fieber
➤ Hündinnen sind wegen ihrer kürzeren Harnröhre häufiger betroffen als Rüden.

Ursache

• Meist bakterielle Infektionen der Harnröhre, die auf die Harnblase übergreifen
• Bei älteren Rüden hängen Blasenentzündungen häufig mit Prostataentzündungen zusammen.
• Harnsteine oder Tumoren

Was können Sie tun?

➤ Viel Flüssigkeit zum Trinken geben, wie Blasen-Nieren-Tee aus der Apotheke. Dieser wird wegen seines eigentümlichen Geschmacks meist nicht gern getrunken. Sie können den Tee mit einem Löffel Honig süßen.
➤ Wärme, das heißt Wärmflasche auf den Bauch oder Rotlichtbestrahlung
➤ Wenn sich die Symptome nicht bessern oder der Hund Fieber hat, muss der Tierarzt aufgesucht werden. Mittels Urin-, Ultraschall- und Röntgenuntersuchung stellt er die Diagnose.
➤ Bei bakteriell bedingter Blasenentzündung werden Antibiotika gegeben.

BLASENSTEINE/STEINE IN DEN ABLEITENDEN HARNWEGEN

Was hat Ihr Hund?

➤ Ständiger Harndrang, der Urin geht tröpfchenweise oder gar nicht ab.
➤ Blutiger Urin, kleine sandkörnchenartige Beimengungen im Urin

Ursache

• Steine in Niere, Harnleitern, Blase und Harnröhre können durch bakterielle Infektionen, erblich bedingte Neigung zu Harnsteinen oder Stoffwechselstörungen entstehen.
• Ihre Entstehung wird durch mangelnde Wasseraufnahme, mineralienhaltige Futtermittel, seltenes Wasserlassen begünstigt.
• Manche Rassen neigen erblich bedingt zur Harnsteinbildung, wie Dalmatiner, Pekingesen, Dackel, Schnauzer.

Was können Sie tun?

➤ Das Unvermögen Urin zu lassen, ist ein Notfall und muss umgehend vom Tierarzt behandelt werden. Die Diagnose stellt er mit Röntgenaufnahmen, Ultraschall- und Urinuntersuchungen.
➤ Steine müssen operativ entfernt werden. In seltenen Fällen können sie mit einem speziellen Ultraschallgerät zertrümmert werden.
➤ Sitzen die Steine in der langen, gebogenen Harnröhre des Rüden fest, muss diese eröffnet werden und eine Fistel angelegt werden, aus der der Urin abfließen kann.
➤ Begleitend werden Antibiotika und eine spezielle Harnsteindiät verordnet.

HARNTRÄUFELN

Was hat Ihr Hund?

➤ Verliert tröpfchenweise Urin
➤ Vor allem während der Ruhephase befinden sich nasse Stellen auf dem Lager.
➤ Verliert Urin während des Laufens

Ursache

- Bei älteren kastrierten Hündinnen liegt meist eine ungenügende Spannung des Blasenschließmuskels, bedingt durch einen Hormonmangel, vor.
- Bei älteren Rüden kann Harnträufeln im Zusammenhang mit Prostataerkrankungen auftreten.
- Es können aber auch Nervenschädigungen des Rückenmarks, beispielsweise nach Autounfällen und Verletzungen, zu Harnträufeln führen.
- Tumoren in der Blase und am Blasenausgang können ebenfalls zu Harnträufeln führen. Meist haben die erkrankten Hunde aber Störungen beim Urinabsatz oder einen auffällig veränderten Urin.

Was können Sie tun?

➤ Das Harnträufeln muss durch den Tierarzt behandelt werden.
➤ Bei kastrierten Hündinnen werden Tabletten verabreicht, die die Spannung des Blasenschließmuskels erhöhen.

➤ Daneben gibt es auch Hormonpräparate (Östrogen) in Tablettenform, die für die Aufrechterhaltung der Spannung des Blasenschließmuskels verantwortlich sind.
➤ Es gibt verschiedene Operationsmethoden, um die Spannung des Blasenschließmuskels zu erhöhen.
➤ Harnträufeln bedingt durch Prostataprobleme und Nervenschädigungen sind schwieriger und aufwendiger zu behandeln. Hier sind die Erfolgsaussichten eher schlecht.

MERKE!
Das Harnträufeln der Welpen bei freudiger Erregung ist normal. Es ist eine Unterwürfigkeitsgeste, die dem Gegenüber signalisieren soll »Tu mir nichts, ich tu dir auch nichts«. Sie sollten den Welpen keinesfalls dafür bestrafen. Das Harnträufeln verliert sich meistens, wenn die Hunde erwachsen sind. Verlagern Sie bei Welpen mit Harnträufeln die Begrüßung ins Freie, um Flecken auf den Böden vorzubeugen.

Urinflecken auf dem Polster deuten auf Harnträufeln hin.

Erkrankungen des Harntrakts

AKUTES NIERENVERSAGEN

Was hat Ihr Hund?

➤ Trinkt viel
➤ Verminderter oder vermehrter Harnabsatz
➤ Mattigkeit
➤ Urin dunkel verfärbt oder extrem hell
➤ Eventuell Erbrechen

Ursache

• Vergiftungen
• Entzündungen der Nieren
• Steinbildung in den Harnwegen
• Schockfolgen nach Unfall oder Verletzungen
• Folgen massiver Magen-Darm-Entzündungen
• Die Nierenkanälchen sind entweder verstopft oder die Nieren werden nicht mehr richtig durchblutet. Dies führt dazu, dass Giftstoffe nicht mehr ausgeschieden werden und sich im Körper anreichern.

Was können Sie tun?

➤ Ein akutes Nierenversagen kann schnell zum Tod führen.
➤ Bei Anzeichen eines Nierenversagens müssen Sie sofort den Tierarzt aufsuchen. Durch Blutuntersuchungen stellt er seine Diagnose.
➤ Es werden Medikamente gegeben, die die Nierentätigkeit anregen, sowie Infusionen.
➤ Die Grundkrankheit muss parallel behandelt werden.

CHRONISCHES NIERENVERSAGEN

Was hat Ihr Hund?

➤ Schlechter Appetit, häufiges Erbrechen, Abmagerung
➤ Mundgeruch, Geschwüre in der Mundhöhle
➤ Trinkt viel
➤ Verminderter oder vermehrter Harnabsatz
➤ Die Krankheit tritt bei alten Hunden häufiger auf.

Ursache

• Infektionskrankheiten
• Übermäßige Eiweißernährung
• Chronische Infektionsprozesse im Körper (wie Zahnstein mit Zahnfleischentzündungen, Hautentzündungen)
• Durchblutungsstörungen
• Tumoren
• Störungen des Immunsystems, die zu Eiweißablagerungen in den Nieren führen
• Angeborene sackartige Ausstülpungen der Nieren (Zystennieren)

Was können Sie tun?

➤ Ein chronisches Nierenversagen kann man nicht heilen.
➤ Unterstützung der Nierenfunktion mit Medikamenten
➤ Verabreichen einer die Nieren schonenden Diät, die die Tiere lebenslang einhalten müssen

BRONCHITIS

Was hat Ihr Hund?

➤ Husten
➤ Würgen, eventuell Erbrechen von weißlichem Schleim
➤ Keuchen, Atemnot
➤ Fieber
➤ Mattigkeit

Ursache

• Virusinfektionen (Zwingerhusten, Seite 66)
• Schadstoffe aus der Umwelt, die eingeatmet werden
• Passivrauchen; Hunde reagieren auf Zigarettenrauch wesentlich empfindlicher als Menschen.
• Bakterielle Infektionen
• Selten: Parasiten oder Fremdkörper, wie kleine Tannennadeln oder Holzstückchen
• Selten: Parasiten in der Luftröhre
• Es kommen auch Allergien wie beim Heuschnupfen des Menschen in Frage.
• Eine Bronchitis geht fast immer mit einer Entzündung der Luftröhre (Seite 77) einher und kann in eine Lungenentzündung übergehen (Seite 94). Die Übergänge können auch fließend sein, so dass der Tierarzt von einer Tracheobronchitis (Entzündung von Luftröhre und Bronchien) spricht.
• Auch aus einer verschleppten unbehandelten Bronchitis kann sich eine Lungenentzündung entwickeln.

Was können Sie tun?

➤ Bei leichten Symptomen Wärme, inhalieren lassen mit Kamillendampf oder Schleim lösenden Medikamenten, entweder über warmem Dampf oder mit einem Inhalator. Letzteres mögen die Hunde meist nicht so gern, da es ihnen Unbehagen bereitet, die Schnauze in den Aufsatz des Inhalators zu halten.
➤ Bei Fieber und Störungen des Allgemeinbefindens sollten Sie den Tierarzt aufsuchen.
➤ Je nach Grundkrankheit wird die Bronchitis mit Antibiotika, Schleim lösenden und/oder Husten stillenden Medikamenten und Medikamenten zur Anregung der körpereigenen Abwehr behandelt.
➤ Fremdkörper müssen endoskopisch entfernt werden.
➤ Bei Verdacht auf eine Virusinfektion sollten Sie den Hund nicht mit anderen Hunden spielen lassen. Es besteht Ansteckungsgefahr.
➤ Bedenken Sie, dass die Hundenase sich am Boden befindet. Viele schädliche Gase sind schwerer als Luft und reichern sich in Bodennähe an (zum Beispiel Autoabgase).

Beim Fahren im offenen Auto kann sich der Hund erkälten.

LUNGENÖDEM

Was hat Ihr Hund?

➤ Schweratmigkeit
➤ Husten – vor allem bei Aufregung
➤ Nächtliche Unruhe
➤ Bläuliche Schleimhäute
➤ Mattigkeit
➤ Hunde bleiben in Brustlage liegen.

Ursache

• Hochgradige allergische Reaktionen
• Lungenentzündungen
• Die häufigste Ursache bei alten Hunden sind Herzerkrankungen.
• Ein Lungenödem ist die Ansammlung von Wasser oder entzündlicher Flüssigkeit in den kleinsten Lungenbläschen, den Alveolen. Dies hat zur Folge, dass der Sauerstoffaustausch zwischen Lungenbläschen und Blut behindert wird. Atemnot entsteht.

Was können Sie tun?

➤ Neben der Behandlung der zu Grunde liegenden Krankheit wird der Tierarzt Medikamente zur Entwässerung geben, eventuell zusätzlich Medikamente zur Beseitigung von Verkrampfungen der Bronchien.
➤ Falls sich immer wieder Flüssigkeit in den Lungen ansammelt, ist eine lebenslange Therapie notwendig.

LUNGENENTZÜNDUNG

Was hat Ihr Hund?

➤ Atemnot
➤ Fieber, Mattigkeit
➤ Husten, Würgen
➤ Meist zusätzlich Augenentzündungen und eitriger Nasenausfluss
➤ Vor allem junge und unter Stress stehende Tiere sind betroffen.

Ursache

• Siehe Bronchitis, Seite 93.
• Eine Lungenentzündung kann auch aus einer Bronchitis entstehen.

Was können Sie tun?

➤ Die Diagnose stellt der Tierarzt durch Blutuntersuchungen und Röntgenaufnahmen.
➤ Eventuell kann es erforderlich sein, eine Probe des Schleims aus der Lunge auf Keime untersuchen zu lassen. Hierzu ist eine endoskopische Untersuchung in Narkose erforderlich.
➤ Je nach Ursache werden Antibiotika, Fieber senkende Medikamente, Hustenstiller und Medikamente zur Entkrampfung der Bronchialmuskulatur gegeben.
➤ Da eine Lungenentzündung eine sehr schwerwiegende Erkrankung ist, ist meist eine lange Behandlungsdauer (Wochen bis Monate) erforderlich.

LUNGENTUMOREN

Was hat Ihr Hund?

- ➤ Atemnot
- ➤ Nächtliche Unruhe
- ➤ Husten über längeren Zeitraum, der auch auf eine Therapie nicht anspricht
- ➤ Allgemeine Schwäche
- ➤ Abmagerung

Ursache

- Die Lunge ist beim Hund das Hauptorgan für die Ansiedelung von Metastasen (Tochterge-schwülsten von Tumoren, die an anderen Stellen im Körper entstehen; über die Blut- oder Lymph-bahnen werden die Tumorzellen verteilt), meist von Gesäuge- oder Knochentumoren.

Was können Sie tun?

- ➤ Der Tierarzt kann Lungentumoren ab einer Größe von etwa 5 mm auf einer Röntgenaufnah-me sehen.
- ➤ Eine operative Entfernung der Tumoren ist meis-tens entweder nicht möglich oder unsinnig, da sich auch an anderer Stelle im Körper bösartige Tumoren befinden.

MERKE!

Bei Hündinnen mit bösartigen Gesäugetumoren sollte die Lunge untersucht werden, da die Tiere sehr häufig unter Tumormetastasen in der Lunge leiden.

RIPPENFELLENTZÜNDUNG

Was hat Ihr Hund?

- ➤ Atembeschwerden
- ➤ Versuche zu husten werden meist wieder unterbrochen.
- ➤ Tonnenförmiger Brustkorb
- ➤ Legt sich nicht hin, bleibt in Brustlage sitzen
- ➤ Fieber

Ursache

- Das Rippenfell ist die Innenauskleidung der Brusthöhle und kann bei einer Lungenentzün-dung mit betroffen sein.
- Eine Rippenfellentzündung entsteht aber auch bei Verletzungen, bei denen die Brusthöhle eröffnet wird.

Was können Sie tun?

- ➤ Die Erkrankung muss vom Tierarzt behandelt werden. Die Diagnose wird durch Blutuntersu-chungen, Röntgenaufnahmen und eventuell eine Spülung der Brusthöhle gestellt.
- ➤ Diese Spülungen werden auch zur Therapie eingesetzt.
- ➤ Weiterhin werden Antibiotika und Husten stil-lende Präparate neben Schmerzmitteln gege-ben.
- ➤ Meist ist eine stationäre Therapie in einer Tier-klinik notwendig.
- ➤ Die Behandlung dauert lange, die Erkrankung kann trotz Behandlung zum Tod führen.

Verletzungen der Brusthöhle

VERLETZUNGEN DER BRUSTHÖHLE, ZWERCHFELLRISS

Was hat Ihr Hund?

➤ Atemnot
➤ Blaue Zunge
➤ Blasse Schleimhäute
➤ Schmerzhafter Brustkorbbereich
➤ Husten
➤ Unruhe
➤ Schwacher, schneller Puls

Ursache

- Brustkorbverletzungen entstehen meist durch äußere Einwirkungen, wie Bisse durch große Hunde, Autounfälle, Schläge.
- Es können die Rippen, die Lunge oder das Herz verletzt sein.
- Die Verletzungen sind entweder offen, das heißt, es besteht eine tief greifende Verletzung, bei der die Brusthöhle eröffnet wurde, oder gedeckt, das heißt, die Brusthöhle ist nicht eröffnet.
- Durch Blutungen der Brusthöhlenorgane oder Gefäßrisse kann es zu einer Rippenfellentzündung (Seite 95) kommen.
- Diese Verletzungen können auch zu einem Riss des Zwerchfells führen.
- Das Zwerchfell ist eine Muskelplatte, die Brust- und Bauchhöhle voneinander trennt. Dieser Muskel gewährleistet, dass in der Brusthöhle ein Unterdruck besteht, was für die Atmung notwendig ist.

Was können Sie tun?

➤ Verletzungen der Brusthöhle können lebensgefährlich sein und müssen deshalb umgehend vom Tierarzt behandelt werden. Der Tierarzt stellt seine Diagnose mittels Röntgen- und Blutuntersuchungen und vielleicht einer Punktion der Brusthöhle.
➤ Bei einem gerissenen Zwerchfell ist eine Operation nötig, da die Bauchorgane in die Brusthöhle gedrückt werden können und folglich die Atmung erheblich behindert wird. Die Operation kann aber nur in einer Spezialklinik durchgeführt werden, da die Hunde währenddessen künstlich beatmet werden müssen.
➤ Zur Nachbehandlung werden Schmerzmittel, Antibiotika und Medikamente zur Erleichterung der Atmung gegeben.

MERKE!

Manchmal haben Hunde von Geburt an ein kleines Loch im Zwerchfell. Durch ruckartige, heftige Bewegungen kann dieses weiter einreißen und zu einem Zwerchfellriss führen, ohne dass ein Unfall vorliegen muss.

Die Halskrause verhindert, dass der Hund sich den Verband abreißt.

ENTZÜNDUNGEN DES HERZENS MIT SEINEN SCHICHTEN

Was hat Ihr Hund?

➤ Schmerzen beim Berühren des Brustkorbs
➤ Angestrengte Atmung
➤ Fieber, Mattigkeit

Ursache

- Das Herz besteht aus 3 Schichten, dem Endokard (Innenauskleidung des Herzens), Myokard (Muskelschicht) und Perikard (Herzbeutel).
- Infektionen durch Bakterien; dies kann durch Abschwemmung von Bakterien aus Eiterprozessen im Körper entstehen oder eine Folge von Verletzungen des Brustkorbs sein (Verletzungen der Brusthöhle, Seite 96).

Was können Sie tun?

➤ Die Diagnosestellung mittels Blutuntersuchung und Röntgenaufnahmen ist auch für den Tierarzt manchmal schwierig. Am Besten lässt sich das Herz mit einem speziellen Ultraschallgerät untersuchen, diese Untersuchung erfordert aber Erfahrung.
➤ Je nach Ursache müssen Antibiotika und Medikamente, die die Herzfunktion unterstützen, gegeben werden.
➤ Ist der Herzbeutel mit Flüssigkeit gefüllt und behindert das Herz in seiner Pumparbeit, muss er punktiert und die Flüssigkeit abgelassen werden. Dazu ist ein stationärer Aufenthalt in einer Tierklinik erforderlich.

FUNKTIONSSTÖRUNGEN DES HERZENS

Was hat Ihr Hund?

➤ Atemnot, Husten, nächtliche Unruhe, bläuliche Schleimhäute, schnelle Ermüdbarkeit
➤ Rüden kleiner Hunderassen sind am häufigsten betroffen. Die Erkrankung tritt dann meist nach dem fünften Lebensjahr auf.

Ursache

- In seltenen Fällen sind Herzfehler angeboren und führen schon bei jungen Hunden zu den oben beschriebenen Symptomen.
- Bei der Mehrzahl der Hunde entstehen im Lauf des Lebens Herzfunktionsstörungen. Ursache ist mangelnder Herzklappenschluss.
- Infektionen mit Viren und Bakterien

Was können Sie tun?

➤ Zur Diagnosestellung müssen Röntgenaufnahmen, Blutuntersuchungen, EKG und Ultraschalluntersuchungen herangezogen werden.
➤ Es gibt eine Reihe von Medikamenten, die das Herz in seiner Pumparbeit unterstützen können. Ein meist gleichzeitig bestehendes Lungenödem (Seite 94) muss ebenfalls behandelt werden.
➤ Angeborene Herzfehler können in Spezialkliniken operiert werden.
➤ Herzklappen werden beim Hund nur in Ausnahmefällen durch künstliche ersetzt.

... der Geschlechts-organe

Dieses Kapitel behandelt Erkrankungen, die in den Geschlechtsorganen Ihres Hundes vorkommen können, sowie Probleme rund um die Läufigkeit, Trächtigkeit und die Geburt der Welpen. Um für alle Komplikationen gewappnet zu sein, legen Sie sich die Telefonnummer des Tierarztes und die Tierapotheke bereit.

➤ Die Gebärmutter der Hündin ist y-förmig. Sie besteht aus einem Gebärmutterkörper und zwei Gebärmutterhörnern, den Schenkeln des Y. Sie ist sehr dehnbar, das ermöglicht es der Hündin, im Gegensatz zum Menschen, bis zu 12 Welpen auszutragen.

➤ Hündinnen geben Rüden durch ihren Urin bekannt, ob sie läufig sind. Rüden können diese Botschaft noch in mehreren 100 m riechen.

➤ Gesäugetumoren bei Hündinnen sind die häufigste Krebserkrankung und sollten deshalb immer operativ entfernt werden. Es können gut- und bösartige Tumoren nebeneinander vorkommen.

➤ Sollten Sie nach der Geburt von Welpen Zweifel haben, ob sich noch Welpen in der Gebärmutter befinden, suchen Sie unverzüglich den Tierarzt auf und lassen dies durch eine Ultraschall- oder Röntgenuntersuchung abklären.

Das finden Sie in diesem Kapitel

➤ Erkrankungen der weiblichen Geschlechtsorgane (Seite 99–101)
➤ Störungen während der Läufigkeit (Seite 101)
➤ Scheinträchtigkeit (Seite 102)
➤ Probleme während der Trächtigkeit (Seite 103)
➤ Wehenschwäche (Seite 103)
➤ Probleme nach der Geburt (Seite 104)
➤ Erkrankungen der männlichen Geschlechtsorgane (Seite 104–106)
➤ Erkrankungen an Vorhaut und Penis (Seite 107)

GEBÄRMUTTERENTZÜNDUNG

Was hat Ihre Hündin?

➤ Vermehrter Durst
➤ Bauchschmerzen
➤ Eitriger, schleimiger oder schokoladenfarbener Ausfluss aus der Scheide
➤ Mattigkeit
➤ Manchmal Schmerzen in der Hinterhand
➤ Je nach Art des Ausflusses unterscheidet man Mucometra (Gebärmutter ist mit Schleim gefüllt), Hämometra (Gebärmutter ist mit Blut gefüllt), Pyometra (Gebärmutter ist mit Eiter gefüllt).

Ursache

• Während der Läufigkeit öffnet sich der Gebärmuttermund und Bakterien können in die Gebärmutter eindringen. Dies kann vor allem bei älteren Hündinnen zu Entzündungen der Gebärmutter führen. Die Schleimhaut der Gebärmutter (Innenauskleidung) bei alten Hündinnen ist häufig von Zysten durchsetzt und bildet Falten, in denen sich Bakterien besser festsetzen können.
• Schließt sich der Muttermund wieder, kann das entstehende Entzündungssekret nicht durch die Scheide abfließen, und die Gebärmutter füllt sich stetig weiter mit Eiter.
• Bei diesen Gebärmutterentzündungen besteht die Gefahr, dass die Gebärmutter in die Bauchhöhle platzt und es rasch zu einer Blutvergiftung mit Nierenversagen kommt.
• Eine Gebärmutterentzündung tritt meist etwa 2 Monate nach der letzten Läufigkeit auf.

Was können Sie tun?

➤ Der Tierarzt stellt seine Diagnose durch Blutuntersuchungen, Röntgen- und Ultraschallaufnahmen.
➤ Wenn es der Zustand der Hündin erlaubt, ist eine sofortige Operation, bei der die Eierstöcke und die Gebärmutter entfernt werden, die optimale Therapie. Die Hündin muss im Anschluss an die Operation noch mit Antibiotika behandelt werden.
➤ Soll die Hündin weiter zur Zucht eingesetzt werden oder ist ihr Allgemeinzustand für eine Operation zu schlecht, kann man versuchen, die Erkrankung mit Antibiotika und speziellen Hormonpräparaten zu behandeln.

MERKE!

Der schokoladenfarbene Scheidenausfluss bei einer Gebärmutterentzündung kann wie Läufigkeitsblut aussehen. Deshalb ist es wichtig, dass Sie bei allen Unregelmäßigkeiten bei der Läufigkeit den Tierarzt aufsuchen.
Wenn eine Gebärmutterentzündung nicht operativ behandelt wird, kommt es nach der nächsten Läufigkeit häufig zum Wiederauftreten der Erkrankung, besonders bei alten Hündinnen.

Durch die spitzen Zähnchen der Welpen kann sich das Gesäuge entzünden.

GESÄUGEENTZÜNDUNG (MASTITIS)

Was hat Ihre Hündin?

➤ Geschwollene, schmerzhafte Zitzen, eventuell Fieber, tritt vor allem während oder nach der Stillperiode bei Hündinnen auf
➤ Blutig eitriges Sekret aus der Milchdrüse
➤ Kann auch im Zusammenhang mit Scheinträchtigkeit entstehen (Seite 102)

Ursache

• Mit ihren kleinen Zähnchen können Welpen beim Saugen das Gesäuge der Mutter verletzen, dadurch kann es zu bakteriellen Infektionen kommen.
• Solche Infektionen können auch bei scheinträchtigen Hündinnen, bei denen sich viel Milch im Gesäuge bildet, entstehen.
• Bakterielle Infektion in Folge von Milchstau

Was können Sie tun?

➤ Bei schmerzhaften Schwellungen ohne Fieber und ohne Störung des Allgemeinbefindens machen Sie kühlende Umschläge mit Essigwasser, Cold Packs (Seite 124) oder Quark auf die geschwollenen, schmerzhaften Zitzen.
➤ Bei blutig eitrigem Sekret aus der Milchdrüse und Fieber muss die Erkrankung vom Tierarzt mit Antibiotika behandelt werden.
➤ Bei Milchstau werden zusätzlich Medikamente gegeben, damit sich die Milch zurückbildet.

GESÄUGETUMOREN

Was hat Ihre Hündin?

➤ Knötchen oder strangförmige Verdickung im Gesäuge. Diese zeigen sich meist etwa 6 Wochen nach der Läufigkeit. Sie können langsam oder schnell wachsen.

Ursache

• Tumoren im Gesäuge kommen bei älteren, nicht kastrierten Hündinnen häufig vor. Sie können sowohl gut- als auch bösartig sein.
• Die Entstehung solcher Tumoren wird durch Scheinträchtigkeiten (Seite 102) und Hormonbehandlungen begünstigt.
• Gut- und bösartige Tumoren können nebeneinander im Gesäuge vorkommen.

Was können Sie tun?

➤ Jeder Knoten im Gesäuge sollte operativ entfernt werden. Eine anschließende feingewebliche Untersuchung des Tumormaterials ist auf jeden Fall empfehlenswert.
➤ Es gibt verschiedene Methoden, Gesäugetumoren zu operieren: Entfernung des einzelnen Knotens, Amputation oder Teilamputation des gesamten Gesäugegewebes. Über die Vorgehensweise muss nach Sitz der Tumoren und deren Ausdehnung entschieden werden.
➤ Früh kastrierte Hündinnen, das heißt vor oder nach der ersten Läufigkeit, leiden nur in Ausnahmefällen unter Gesäugetumoren. Man kann dem Tumorrisiko durch die Kastration vorbeugen (Seite 16).

SCHEIDENENTZÜNDUNG, SCHEI-DENVORFALL, SCHEIDENTUMOR

Was hat Ihre Hündin?

➤ Geschwollene Scheide, Vorwölbung eines rötlichen Knotens aus der Scheide
➤ Häufiges Belecken der Scham
➤ Eitriger Scheidenausfluss, gerötete nässende Haut um die Scheide

Ursache

* Bei Hündinnen vor der ersten Läufigkeit kommen leichte Scheidenentzündungen häufig vor. Sie verschwinden meist nach der ersten Läufigkeit.
* Scheidenvorfall, das heißt Vorwölbung des stark geschwollenen Scheidengewebes, entsteht während der Läufigkeit bei großen Hunderassen durch den Einfluss des weiblichen Geschlechtshormons.

Was können Sie tun?

➤ Leichte Scheidenentzündungen bei Hündinnen vor der ersten Läufigkeit heilen meist von allein wieder ab.
➤ Bei eitrigen Infektionen antibiotische Scheidenspülungen oder Sitzbäder
➤ Bei älteren Hündinnen muss abgeklärt werden, ob nicht zusätzlich eine Gebärmutterentzündung (Seite 99) vorliegt.
➤ Scheidenvorfälle oder Scheidentumoren müssen vom Tierarzt operiert werden.
➤ Bei Hündinnen mit Scheidenvorfall ist eine Kastration ratsam, da er bei der nächsten Läufigkeit oft wieder auftritt.

STÖRUNGEN WÄHREND DER LÄUFIGKEIT

Was hat Ihre Hündin?

➤ Sie wird entweder gar nicht läufig oder die Läufigkeit dauert länger als 3 Wochen an.
➤ Verdickte Scheide, Ausfluss, leckt sich häufig an der Scheide

Ursache

* Ausbleibende Läufigkeit kann Folge einer Hormonbehandlung zur Verhinderung der Läufigkeit sein.
* Bei vielen alten Hündinnen wird der Zyklus unregelmäßig oder die Läufigkeit bleibt aus.
* Ausbleibende Läufigkeit kann mit anderen Erkrankungen einhergehen, wie Cushing-Syndrom (Seite 54).
* Verlängerte Läufigkeit kann zusammen mit Funktionsstörungen der Eierstöcke auftreten und eine Gebärmutterentzündung nach sich ziehen.

Was können Sie tun?

➤ Soll eine Hündin nicht zur Zucht verwendet werden, muss eine ausbleibende Läufigkeit nicht therapiert werden, jedoch sollte vom Tierarzt kontrolliert werden, ob eine andere Erkrankung zu Grunde liegt.
➤ Verlängerte Läufigkeit muss vom Tierarzt untersucht werden. Mit Hormonbehandlungen kann man die Blutung stoppen, es besteht jedoch die Gefahr, dass sich im Anschluss an die Therapie eine Gebärmutterentzündung entwickelt.

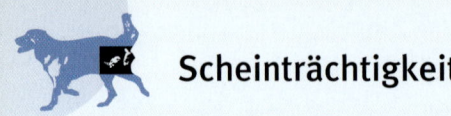

Scheinträchtigkeit

SCHEINTRÄCHTIGKEIT

Was hat Ihre Hündin?

➤ Geschwollenes, dickes Gesäuge
➤ Milchfluss
➤ Wenig oder sehr großer Appetit
➤ Verhaltensänderungen: Nestbau, Löcher graben und hineinlegen, frisst schlecht, will nicht spazieren gehen, legt sich auf Kuscheltiere, Pantoffeln, Spielsachen oder Ähnliches, reagiert aggressiv, wenn man an ihren Liegeplatz kommt, zieht sich zurück
➤ Manche Hündinnen saugen selbst an ihren Zitzen und bewirken damit eine verstärkte Milchproduktion.

Ursache

• Die Scheinträchtigkeit ist ein Überbleibsel aus der Wolfszeit. Im Wolfsrudel haben alle weiblichen Tiere, auch Wölfinnen, die keine Welpen haben, zum Geburtszeitpunkt Milch, da sich alle weiblichen Tiere an der Jungtieraufzucht beteiligen.
• Dieses Phänomen tritt bei Hündinnen immer noch auf, obwohl es heute eher lästig ist. Es erklärt auch, warum mehrere Hündinnen, die in einem Haushalt zusammen gehalten werden, ungefähr zur gleichen Zeit läufig werden.
• Scheinträchtige Hündinnen können als Amme für mutterlose Hunde-, aber auch Katzenwelpen dienen. Sie nehmen sich der Welpen an, versorgen sie und lassen sie trinken.

Was können Sie tun?

➤ Bei Verhaltensänderungen ohne Milchbildung hilft Ablenkung. Das heißt, die »adoptierten« Kuscheltiere oder Spielsachen entfernen, viel spazieren gehen.
➤ Durch kühlende Umschläge oder Cold Packs die Schwellung abklingen lassen; dadurch kann man auch einer Entzündung vorbeugen.
➤ Bei Milchbildung im Gesäuge werden vom Tierarzt Tropfen oder Injektionen gegeben, die die Milchbildung hemmen.
➤ Bei eitrigen Gesäugeentzündungen oder Abszessen unbedingt zum Tierarzt gehen. Es müssen Antibiotika gegeben werden.

MERKE!

Eine Scheinträchtigkeit in den nachfolgenden Läufigkeiten kann nicht durch eine Bedeckung der Hündin unterbunden werden. Dies produziert nur Nachwuchs, der dann vielleicht im Tierheim landet. Ziehen Sie lieber eine Kastration (Seite 16) in Erwägung, um Scheinträchtigkeiten zu unterbinden. Auch Hündinnen, mit denen regelmäßig gezüchtet wird, werden scheinträchtig, wenn sie in der Läufigkeit nicht gedeckt wurden.

Scheinträchtige Hündinnen beschäftigen sich mit »Ersatzwelpen«.

PROBLEME WÄHREND DER TRÄCHTIGKEIT

Was hat Ihre Hündin?

➤ Schmerzhafter Bauch
➤ Hecheln, Fieber
➤ Appetitlosigkeit, vermehrter Durst
➤ Eventuell Scheidenausfluss

Ursache

• Da die Gebärmutter beim Hund nur sehr lose an ihren Bändern aufgehängt ist, können sich Teile der Gebärmutter drehen und zum Absterben der Welpen oder zum Absterben des Gebärmuttergewebes führen.
• Welpen können in der Gebärmutter durch Bakterien- und Virusinfektionen absterben.
• Ein stark missgebildeter Welpe kann in der Gebärmutter absterben und zu einer Infektion führen.
• Bakterien und Viren können zu Infektionen der Welpen in der Gebärmutter führen.

Was können Sie tun?

➤ Der Tierarzt stellt seine Diagnose durch Ultraschall-, Röntgen- und Blutuntersuchungen.
➤ Bei verdrehter Gebärmutter ist eine sofortige Operation erforderlich.
➤ Ob eine infizierte Gebärmutter mit den darin enthaltenen Welpen operiert und die Welpen frühzeitig durch einen Kaiserschnitt entbunden werden oder nicht, muss im Einzelfall der behandelnde Tierarzt entscheiden.

WEHENSCHWÄCHE

Was hat Ihre Hündin?

➤ Trächtige Hündin um den Geburtstermin hechelt, ist unruhig, presst vergeblich.
➤ Die Geburt des letzten Welpen liegt mehr als 3 Stunden zurück, blutig wässriger Ausfluss aus der Scheide, Wehen anfangs tastbar, dann schwächer werdend.

Ursache

• Zu hohes Alter des Muttertieres
• Zu viele Welpen
• Fettleibigkeit des Muttertieres
• Krampf der Gebärmuttermuskulatur
• Mineralstoffwechselstörung der Hündin
• Bauchhöhlenerkrankung der Hündin
• Psychische Störungen
• Zu große Welpen
• Nur ein Welpe, dieser ist immer zu groß (so genannte Einfrüchtigkeit)

Was können Sie tun?

➤ Vom Tierarzt werden Infusionen und wehenanregende Medikamente gegeben.
➤ Führt dies nicht zur Geburt der verbliebenen Welpen, ist ein Kaiserschnitt erforderlich.

MERKE!
Die Hündin braucht erst im letzten Drittel der Trächtigkeit mehr Futter. Füttern Sie deshalb eine trächtige Hündin zurückhaltend, denn Fettleibigkeit ist ein vermeidbares Geburtsproblem.

Probleme nach der Geburt

PROBLEME NACH DER GEBURT

Was hat Ihre Hündin?

➤ Fieber
➤ Stinkender, eitrig blutiger Scheidenausfluss, schmerzhafter Bauch
➤ Appetitlosigkeit
➤ Mattigkeit
➤ Milchmangel

Ursache

• Infektion der Gebärmutter durch verbliebene Welpen
• Infektion der Gebärmutter durch Nachgeburtreste; grünlich brauner, oft auch schleimiger Ausfluss gehört zum Nachgeburtsekret und ist etwa eine Woche nach der Geburt normal.
• Anders gefärbter, übel riechender Ausfluss mit Fieber ist Hinweis auf eine Infektion.

Was können Sie tun?

➤ Mit Ultraschall- und Röntgenuntersuchungen kann der Tierarzt feststellen, ob sich noch Welpen in der Gebärmutter befinden. Ist dies der Fall, ist eine sofortige Operation unumgänglich. Meist muss dabei die gesamte Gebärmutter entfernt werden, da die Gefahr einer Bauchfellentzündung besteht.
➤ Bei anderen entzündlichen Veränderungen der Gebärmutter werden Fieber senkende Mittel, Antibiotika und Schmerzmittel gegeben.

HODENHOCHSTAND (KRYPTORCHISMUS)

Was hat Ihr Rüde?

➤ Nur ein Hoden ist tastbar. Deshalb wird diese Krankheit fälschlicherweise auch als Einhodigkeit bezeichnet.

Ursache

• Die Hoden steigen nach der Geburt aus der Bauchhöhle in den Hodensack ab und befinden sich dort ab etwa der achten Lebenswoche.
• Ist der Spalt zum Durchtritt der Hoden zu klein oder der Hoden zu groß, kann er nicht aus der Bauchhöhle in den Hodensack gelangen.

Was können Sie tun?

➤ Bei Welpen kann mit Hormoninjektionen versucht werden, den Hoden zum Abstieg zu bringen.
➤ Es ist wichtig, den Hoden aus der Bauchhöhle zu entfernen, da in höherem Alter die Gefahr besteht, dass der in der Bauchhöhle verbliebene Hoden tumorös entartet.
➤ Der andere Hoden sollte ebenfalls entfernt werden.
➤ Betroffene Tiere sollte man kastrieren, da Kryptorchismus erblich ist und mit betroffenen Rüden nicht gezüchtet werden sollte.

MERKE!

In seltenen Fällen kann es zu Überraschungen beim Operationsversuch kommen, wenn die Rüden tatsächlich nur einen Hoden haben. Dies ist aber extrem selten.

HODENENTZÜNDUNG

Was hat Ihr Rüde?

➤ Mattigkeit, Fieber
➤ Hund läuft breitbeinig
➤ Einer oder beide Hoden sind geschwollen, schmerzhaft, warm

Ursache

- Prellungen und Blutergüsse nach äußeren Verletzungen
- Bakterielle Infektionen, die durch diese Verletzungen in das Hodengewebe eingedrungen oder durch die Harnröhre aufgestiegen sind
- Bakterielle Infektionen der Prostata und/oder der Harnwege: Die Bakterien gelangen über den Samenstrang in den Hoden.
- Zuchtrüden können nach einer Hodenentzündung unfruchtbar werden.

Was können Sie tun?

➤ Bei leichter Schwellung ohne Fieber kühlen mit Cold Packs (Seite 124)
➤ Bei Fieber oder starker Schwellung den Tierarzt aufsuchen
➤ Je nach Ursache wird mit Schmerzmitteln und Antibiotika behandelt.

MERKE!
Hodentumoren werden leicht mit Entzündungen verwechselt, der Hodentumor kann aber auch zu einer Hodenentzündung führen.

HODENTUMOREN

Was hat Ihr Rüde?

➤ Die Hoden sind ungleich groß oder ungleich hart. Ein normaler Hoden fühlt sich prall elastisch an.
➤ Vergrößerung eines oder beider Hoden
➤ Eventuell Haarausfall, Ekzeme

Ursache

- Hodentumoren bei alten Rüden kommen häufig vor. Sie können gut- oder bösartig sein.
- Hodentumoren können hormonell aktiv sein und zu Haarausfall, dunkel verfärbter Haut und Attraktivität für andere Rüden führen.

Was können Sie tun?

➤ Die entarteten Hoden sollten operativ entfernt werden.
➤ Anschließend ist eine feingewebliche Untersuchung der Hoden sinnvoll, um abzuklären, ob es sich um gut- oder bösartige Tumoren gehandelt hat.

Bei älteren Rüden sollte man regelmäßig auch die Hoden kontrollieren.

PROSTATAVERGRÖSSERUNG/PROSTATAABSZESS/PROSTATAZYSTEN/ PROSTATATUMOREN

Was hat Ihr Rüde?

➤ Leckt sich viel an der Vorhaut
➤ Verliert tröpfchenweise Urin oder ein wässriges rötliches Sekret aus dem Penis
➤ Braucht lange zum Kotabsatz
➤ Der Kot sieht platt gedrückt aus.
➤ Prostataerkrankungen kommen hauptsächlich bei Rüden vor, die älter als 6 Jahre sind.

Ursache

• Prostatavergrößerung wird begünstigt durch das im Hoden gebildete männliche Geschlechtshormon.
• Bei alten Rüden kommt es häufig zu einer Vergrößerung. Diese kann mit der Bildung kleiner Zysten einhergehen, die platzen können und deren blutiger Inhalt sich durch die Harnröhre nach außen entleeren kann.
• Aus einer vergrößerten Prostata kann sich eine bösartige Krebserkrankung der Prostata entwickeln.
• Eine vergrößerte Prostata drückt – anders als beim Menschen – von unten gegen den Enddarm und führt zu einer Einengung des Darmrohres. Dies wiederum führt zu Problemen beim Kotabsatz.
• Prostataabszesse entstehen durch bakterielle Infektionen, die mit Harnwegsinfektionen einhergehen.
• Prostataabszesse können auch durch andere entzündliche Vorgänge im Körper entstehen, die über den Blutweg in die Prostata gelangen.

Was können Sie tun?

➤ Den beschwerlichen Kotabsatz erleichtern durch leicht verdauliche Kost
➤ Die Prostata ist normalerweise walnussgroß, sie kann größer als ein Apfel werden. Die ungefähre Größe der Prostata kann vom Tierarzt mit dem Finger durch den Enddarm ertastet werden.
➤ Besser ist es jedoch, eine Ultraschalluntersuchung vorzunehmen; hierbei kann man auch Zysten oder Abszesse in der Prostata identifizieren.
➤ Je nach Ursache müssen Antibiotika und Hormonpräparate zur Verkleinerung der Prostata gegeben werden.
➤ Die Therapie der Wahl ist jedoch die Kastration (Seite 16), da nur durch diese Operation eine nachhaltige Verkleinerung der Prostata bewirkt und der Entstehung von bösartigen Tumoren vorgebeugt werden kann.
➤ Prostatatumoren können zwar operiert werden. Die Operation ist aber sehr schwierig und mit extrem hohen Komplikationen behaftet.

Harnwegsentzündungen können zu Problemen an der Prostata führen.

VORHAUTENTZÜNDUNG (HUNDE-TRIPPER)

Was hat Ihr Rüde?

➤ Milchig weiße oder gelbliche Flüssigkeit tropft aus der Vorhaut. Dies findet der Besitzer auf dem Boden.
➤ Manchmal auch rosafarbener Ausfluss
➤ Hund leckt sich viel an der Vorhaut.
➤ Die Entzündung ist meist am schlimmsten, wenn in der Nachbarschaft viele Hündinnen läufig sind.

Ursache

• Bakterielle Entzündung der Vorhaut und des Penis. Bakterien gelangen durch Belecken in die Vorhaut und führen zu Entzündungen.
• Unkastrierte Rüden sind wesentlich stärker betroffen als Kastraten.

Was können Sie tun?

➤ Hindern Sie den Hund daran, dass er sich die Vorhaut beleckt, indem Sie ihm zum Beispiel eine Halskrause (Seite 96) anlegen.
➤ Der Tierarzt spült die Vorhaut mit Wasserstoffperoxid oder desinfizierenden Lösungen.
➤ Bei hochgradiger Entzündung werden auch Antibiotika gegeben.
➤ Die Spülungen kann man nach Anleitung durch den Tierarzt zu Hause selbst durchführen.
➤ Die Erkrankung ist nicht gefährlich, sie kommt aber immer wieder.
➤ Durch Kastration wird die Erkrankung wesentlich besser oder verschwindet gar.

TUMOREN ODER VERLETZUNGEN AN VORHAUT UND PENIS

Was hat Ihr Rüde?

➤ Blutungen aus der Vorhaut
➤ Probleme beim Urinabsatz
➤ Ständiges Belecken der Vorhaut und des Penis

Ursache

• Verletzungen der Vorhaut und des Penis entstehen durch gewaltsames Trennen beim Deckakt.
• Tumoren an Penis und Vorhaut können durch eine Virusinfektion entstehen oder Krebsgeschwülste sein.
• In seltenen Fällen Bruch des Penisknochens durch Unfälle

Was können Sie tun?

➤ Bei Blutungen aus der Vorhaut den Tierarzt aufsuchen. Verletzungen von Penis und Vorhaut müssen operiert werden.
➤ Tumoren können sich von allein wieder zurückbilden, ansonsten müssen sie operiert werden.
➤ Bei großflächigen Veränderungen bleibt manchmal nur die Penisamputation, um den Hund am Leben zu erhalten. Hierzu wird eine so genannte Harnröhrenfistel unterhalb des Afters angelegt, durch die der Rüde dann Urin absetzt. Der Rüde muss gleichzeitig kastriert werden.
➤ Bei Bruch des Penisknochens Schienung und Anlegen eines Harnröhrenkatheders über 2 bis 3 Wochen

... des Bewegungs-apparates

Unter Bewegungsapparat versteht man alle Teile des Körpers, die der Fortbewegung dienen. Hierzu gehören Knochen, Gelenke (Verbindungen zwischen den einzelnen Knochen), Sehnen, Bänder, Muskeln und die knorpeligen Bandscheiben (Zwischenwirbelscheiben).

➤ Wachstumsstörungen nehmen einen breiten Raum bei Veränderungen des Bewegungsapparates des Hundes ein. Diese machen sich manchmal erst im fortgeschrittenen Alter bemerkbar. So kann ein in der Wachstumsphase nicht angewachsenes Knochenstück zu erheblichen Gelenkveränderungen führen, wenn der Hund älter wird, ohne dass er in seiner Jugend Schmerzen oder Lahmheiten gezeigt hat.

➤ Hüftgelenksdysplasie (HD) ist eine von vielen Hundebesitzern gefürchtete Erkrankung vor allem großer Hunderassen. Die HD ist erblich bedingt. Die Neigung, eine Fehlstellung der Hüftgelenke zu entwickeln, kann beim jungen Hund aber durch übermäßige Belastung verstärkt werden. Röntgenuntersuchungen der Hüften bereits im Alter von 3 Monaten können Hinweise auf das Vorliegen einer HD bringen. Diese Untersuchung wird aber nur von spezialisierten Tierärzten durchgeführt, da sie eine spezielle Technik erfordert.

Das finden Sie in diesem Kapitel

➤ Arthritis/Arthrose (Seite 109)
➤ Bandscheibenvorfall (Seite 110)
➤ Gelenkverletzungen (Seite 111)
➤ Knochenbrüche (Seite 111)
➤ Knieprobleme (Seite 112)
➤ Knochentumoren (Seite 113)
➤ Rheuma (Seite 113)
➤ Wachstumsstörungen (Seite 114)
➤ Wirbelsäulenverknöcherung (Seite 115)

ARTHRITIS/ARTHROSE

Was hat Ihr Hund?

➤ Schmerzen bei der Bewegung
➤ Der Hund steht schlecht auf, läuft sich ein.
➤ Wiederkehrende Lahmheiten in bestimmten Gliedmaßen
➤ Wechselnde Lahmheiten; es scheint so, als ob der Hund sich nicht entscheiden kann, wo es ihm weh tut.
➤ Geschwollene, heiße Gelenke
➤ Schmerzhaftigkeit bei der Berührung
➤ Eventuell Fieber
➤ Die Beschwerden können in Schüben auftreten.

Ursache

• Gelenkentzündungen können durch Fehlstellung der Gelenkflächen zueinander entstehen.
• Fremdkörper im Gelenk in Form von kleinen Knochenstückchen, zum Beispiel als Folge von Wachstumsstörungen
• Bakterielle Infektionen, die zu eitrigen Ergüssen in Gelenken führen, als Folge von Verletzungen
• Virusinfektionen, die mit Gelenkentzündungen einhergehen
• Krankheiten des Immunsystems können zu Rheuma führen. Bei diesen Erkrankungen glaubt das Immunsystem fälschlicherweise, dass die körpereigenen Gelenke nicht zum eigenen Körper gehören, und bildet Antikörper, um diesen vermeintlichen Fremdkörper zu bekämpfen. Diese Antikörper lagern sich in den Gelenken ab und führen zu erheblichen Entzündungen.

Was können Sie tun?

➤ Mittels Blutuntersuchung, Röntgen- und eventuell Ultraschallaufnahmen stellt der Tierarzt seine Diagnose.
➤ Bei eitrigen Infektionen muss das Gelenk unter Umständen operativ eröffnet werden, um den Eiter zu entfernen.
➤ Bei Vorhandensein von Knochenstückchen muss das Gelenk operativ eröffnet werden, um diese zu entfernen.
➤ Knochenwucherungen (Arthrose), die im Zuge einer Gelenkentzündung entstanden sind, können ebenfalls operativ entfernt werden.
➤ Je nach Ursache werden Antibiotika, Schmerz- und entzündungshemmende Mittel sowie Präparate zum Knorpelaufbau gegeben.
➤ Bei rheumatischen Beschwerden oder Gelenkentzündungen, die durch Störungen des Immunsystems entstanden sind, ist eine lebenslange Therapie erforderlich.
➤ Betroffene Gelenke mit Cold Packs (Seite 124) kühlen.
➤ In Ruhephasen die betroffenen Gelenke vorsichtig passiv bewegen, um die Beweglichkeit zu erhalten. Alternativ können Sie auch physiotherapeutische Maßnahmen ergreifen.
➤ Wenn möglich, den Hund schwimmen lassen

MERKE!

Die Gefahr, dass nach Gelenkentzündungen knöcherne Zubildungen (Arthrose) entstehen, ist groß. Gelenke, bei denen eine Arthrose operiert wurde, bleiben immer empfindlich und schmerzanfällig, die Gefahr der erneuten Arthrosebildung nach einer Operation ist sehr groß.

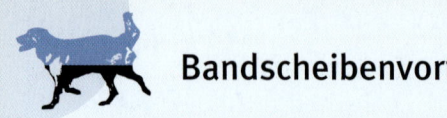

Bandscheibenvorfall

BANDSCHEIBENVORFALL

Was hat Ihr Hund?

➤ Aufgekrümmter Rücken
➤ Schwankender Gang
➤ Schreit bei der Bewegung auf
➤ Harn- und Kotabsatzstörungen bis hin zur völligen Querschnittslähmung

Ursache

• Die Erkrankung wird auch als Dackellähme bezeichnet und kommt bei Hunden mit langem Rücken und kurzen Beinen häufig vor.
• Die Bandscheiben dienen als Puffer zwischen den einzelnen Wirbeln. Sie können im Lauf des Lebens aber auch bei jungen Tieren hart und unelastisch werden, dadurch verrutschen sie leicht und können sich in den Rückenmarkskanal vorwölben. Durch Quetschung der Nerven an der Wirbelsäule entstehen massivste Schmerzen bis hin zu Lähmungen, im schlimmsten Fall zur völligen Querschnittslähmung.
• Die Erkrankung kann akut auftreten oder sich über einen längeren Zeitraum verschlechtern.
• In manchen Fällen sind mehrere Bandscheiben in der Wirbelsäule betroffen.
• Bandscheibenvorfälle können überall in der Wirbelsäule auftreten – von der Hals- bis zur Lendenwirbelsäule.
• Am häufigsten sind Brust- und Lendenwirbelsäule von Vorfällen betroffen.

Was können Sie tun?

➤ Zur Diagnosestellung sind Röntgenaufnahmen, auch mit Kontrastmittelanfärbung des Rückenmarkes, notwendig, denn die Bandscheiben geben manchmal nicht genug Röntgenschatten und sind auf der Röntgenaufnahme unter Umständen nicht identifizierbar.
➤ Damit die Wirbelsäule nicht bewegt wird, den Hund am Besten auf einem stabilen Brett oder einer Platte zum Tierarzt transportieren.
➤ Ein kompletter Bandscheibenvorfall, das heißt eine eingetretene Querschnittslähmung, muss innerhalb von 8 bis 12 Stunden operiert werden. Dann sind die Chancen am Besten, die Querschnittslähmung wieder rückgängig zu machen.
➤ Wird nicht operiert, werden Schmerzmittel, Medikamente zur Beseitigung einer entzündlichen Wasseransammlung im Rückenmark und B-Vitamine verordnet.
➤ Gleichzeitig tut den Hunden Wärme am Rücken gut mit Rotlichtbestrahlung oder Heizkissen.
➤ Bandscheibenpatienten sollten keine Treppen laufen und nicht springen, ebenso müssen sie in der akuten Phase in der Bewegung eingeschränkt werden.

Ein Bandscheibenvorfall betrifft häufig Hunderassen mit langem Rücken.

Gelenkverletzungen, Knochenbrüche

GELENKVERLETZUNGEN, VERSTAUCHUNGEN, PRELLUNGEN, VERRENKUNGEN, SEHNENVERLETZUNGEN

Was hat Ihr Hund?

➤ Lahmheit
➤ Schwellung eines Gelenks oder eines Teils einer Gliedmaße
➤ Schmerzen beim Berühren des betroffenen Bereichs

Ursache

• Durch Unfälle, Stürze oder andere Verletzungen können Gelenke auskugeln, Bänder und Kapseln von Gelenken einreißen und zu schmerzhaften Blutungen und Blutergüssen führen, oder es kann zu Sehnenrissen kommen.

Was können Sie tun?

➤ Das betroffene Gebiet mit Cold Packs kühlen, den Hund ruhig stellen, bei großen Schmerzen oder hochgradigen Lahmheiten, die länger als einen Tag bestehen, den Tierarzt aufsuchen.
➤ Ausgekugelte Gelenke müssen in Narkose eingerenkt oder vielleicht sogar operiert werden.
➤ Gerissene Sehnen sollten innerhalb von 4 Stunden genäht werden.
➤ Zur Diagnosestellung müssen Röntgenaufnahmen angefertigt werden.

MERKE!
Einreibungen mit kühlenden Salben gegen Sportverletzungen, wie sie beim Menschen angewandt werden, sind meist nicht wirksam, da die Salbe nicht durch das Fell auf die Haut gelangt.

KNOCHENBRÜCHE

Was hat Ihr Hund?

➤ Hochgradige Lahmheit, meist nach einem Unfall
➤ Schmerzen
➤ Meist merkwürdig zueinander stehende Knochenteile, oder die Knochen sehen verschoben aus.
➤ Beim Versuch, die Knochen zu bewegen, hört man knisternde, kratzende Geräusche, so genannte Krepitation, durch Aufeinanderreiben der Bruchenden.

Ursache

• Knochenbrüche entstehen durch Unfälle. Die gebrochenen Knochenteile müssen nicht unbedingt gegeneinander verschoben sein. Dies ist der Fall, wenn die den Knochen umgebende Knochenhaut noch intakt ist (beispielsweise so genannte Grünholzfraktur bei jungen Hunden).
• Aufgrund von Knochentumoren können Knochen porös werden und brechen, ohne dass ein Unfall vorausgegangen ist.

Was können Sie tun?

➤ Einen Schienenverband anlegen (Seite 42) und den Hund ruhig halten
➤ Zur Diagnosestellung müssen Röntgenaufnahmen angefertigt werden.
➤ Die Therapie richtet sich nach Art des Bruches. Entweder wird der Knochenbruch konservativ mit einer Gipsschiene behandelt oder operativ, das heißt, der Bruch wird mit einer Platte, einem Nagel oder mit Schrauben stabilisiert.

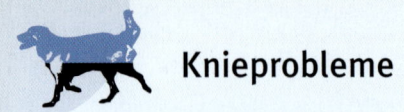

Knieprobleme

KNIESCHEIBENLUXATION, KREUZBANDRISS

Was hat Ihr Hund?

➤ Lahmheit, die plötzlich auftritt
➤ Das Bein wird überhaupt nicht mehr belastet.
➤ Der Hund hüpft hin und wieder auf einem Hinterbein und zieht das andere hoch.

Ursache

- Kniescheibenluxationen kommen vor allem bei kleinen Hunderassen vor. Die Kniescheibe verläuft auf einer knöchernen Rinne des Oberschenkelknochens. Bei vielen kleinen Hunderassen (Yorkshire Terrier, Malteser, Pudel) ist diese Rinne nicht tief genug, und die Kniescheibe kann aus ihrer Lage herausrutschen. Wenn das passiert, können die Hunde das betroffene Bein nicht mehr strecken und hüpfen auf drei Beinen. Bei einigen Hunderassen, vor allem größeren, ist die Untersuchung auf Kniescheibenluxation Bedingung, damit die Hunde zur Zucht zugelassen werden.
- Kreuzbandrisse kommen vor allem bei großen, muskulösen Hunderassen vor (Rottweiler, Bullterrier, Dobermänner). Durch plötzliche Belastung reißt ein Kreuzband oder sogar beide
- Die Kreuzbänder stabilisieren das Kniegelenk. Sind sie gerissen, lassen sich Ober- und Unterschenkel verstärkt gegeneinander verschieben.
- Meist gehen mit Kreuzbandrissen Schäden an den Menisken (Knorpelplatten im Kniegelenk) einher. Diese reißen ein und müssen dann bei einer Operation ganz oder teilweise entfernt werden.

Was können Sie tun?

➤ Sowohl Kniescheibenluxationen als auch Kreuzbandrisse können operiert werden.
➤ Es gibt verschiedene Operationstechniken, die abhängig von der Größe des Hundes, von bestehenden knöchernen Veränderungen und anderen Vorschädigungen sind.
➤ Der Tierarzt wird Ihnen Anweisungen zur Nachbehandlung der Operationswunde geben.
➤ Nach der Operation sollten Sie den Hund schonen.

MERKE!
Kniescheibenluxationen sind in der Regel angeboren und erblich bedingt. Sie treten oft beidseitig auf, obwohl der Hund meist nur auf einer Seite lahmt.
Hunde, bei denen ein Kreuzbandriss auf einer Seite operativ behoben worden ist, neigen manchmal dazu, auf der gesunden Seite ebenfalls einen Kreuzbandriss zu entwickeln. Dies hängt mit der Überbelastung der gesunden Seite während der Erkrankung und einer gewissen erblichen Neigung zusammen.

Gewagte Kletterübungen können dumm ausgehen.

KNOCHENTUMOREN

Was hat Ihr Hund?

- ➤ Lahmheit
- ➤ Schmerzhafte Verdickung an den Knochen
- ➤ Knochenbruch ohne Unfall
- ➤ Leckekzem an betroffenen Körperstellen
- ➤ Manchmal Fieber
- ➤ Große Hunderassen sind häufiger betroffen als kleine.

Ursache

- • Bösartige Knochentumoren kommen vor allem bei älteren Hunden vor.
- • Bei Schnauzern kommen besonders häufig bösartige Tumoren der Zehenknochen vor.

Was können Sie tun?

- ➤ Die Diagnose stellt der Tierarzt mittels Röntgenuntersuchungen. Eventuell muss man eine Gewebeprobe aus dem betroffenen Knochen entnehmen und diese feingeweblich untersuchen lassen.
- ➤ Zehentumoren bei Schnauzern können, falls sie nicht zu weit fortgeschritten sind, durch Amputation der betroffenen Zehe geheilt werden.
- ➤ Bei allen anderen Knochentumoren sind die Heilungschancen schlecht bis aussichtslos, und man sollte die Hunde einschläfern, um ihnen Qualen zu ersparen, da Knochentumoren außerordentlich schmerzhaft sind.

RHEUMA

Was hat Ihr Hund?

- ➤ Fieber
- ➤ Ein oder mehrere geschwollene Gelenke
- ➤ Mattigkeit
- ➤ Lahmheit
- ➤ Die Erkrankung kann schubweise auftreten.

Ursache

- • Störungen des körpereigenen Abwehrsystems führen zur Bildung von Antikörpern gegen die eigenen Gelenke oder gegen die eigene Muskulatur (Autoimmunkrankheit).
- • Die Erkrankung kann beispielsweise durch eine nicht erkannte Borreliose (Seite 61) auftreten oder eine Spätfolge dieser Erkrankung sein.

Was können Sie tun?

- ➤ Die betroffenen Gelenke mit Cold Packs kühlen
- ➤ Die betroffenen Gelenke in Ruhephasen massieren und passiv bewegen
- ➤ Den Hund schwimmen lassen
- ➤ Mit Bluttests und Untersuchungen der Gelenkflüssigkeit stellt der Tierarzt seine Diagnose.
- ➤ Je nach Ursache ist die Erkrankung schwer zu bekämpfen oder sogar unheilbar.
- ➤ Es werden Kortison und Chemotherapie eingesetzt.
- ➤ Ist Borreliose die Ursache, Behandlung mit Antibiotika

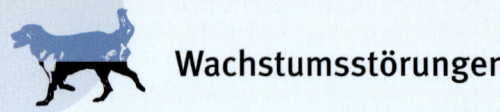

Wachstumsstörungen

WACHSTUMSSTÖRUNGEN

Was hat Ihr Hund?

➤ Wiederkehrende Lahmheiten bei jungen Hunden, die Probleme können aber auch erst in höherem Alter auftreten.

➤ Manchmal sind die Gliedmaßen auf beiden Seiten betroffen.

Ursache

• Meist erblich bedingte, rassespezifische Wachstumsstörungen von Knochen und Knorpel, die durch Über- oder Fehlbelastung von jungen Hunden verschlimmert werden können.

• **Nekrose des Oberschenkelkopfes:** Der Oberschenkelkopf wird nicht richtig durchblutet und löst sich auf. Betroffen sind vor allem kleine Hunderassen.

• **Hüftgelenksdysplasie (HD):** Oberschenkelkopf und Beckenpfanne stehen in einem ungünstigen Verhältnis zueinander. Vor allem große Hunderassen sind betroffen.

• **Osteochondrosis dissecans (OCD):** Knorpelwachstumsstörungen in verschiedenen Gelenken, wie Ellbogen-, Schulter-, Knie- oder Sprunggelenk. Vor allem große Hunderassen sind betroffen.

• **Short ulna:** Ungleiches Längenwachstum von Elle (Radius) und Speiche (Ulna), das zu Deformationen der Vordergliedmaßen und zu Bewegungsstörungen im Bereich des Ellbogengelenks führt.

• **Isolierter Processus anconaeus:** Knochenstück im Ellbogengelenk, das nicht an den Ellbogenhöcker anwächst. Vor allem große Hunderassen sind betroffen.

• **Isolierter Processus coronoideus:** Knochenstück im Ellbogengelenk, welches während der Wachstumsphase nicht an den unteren Teil des Ellbogengelenks anwächst. Vor allem große Hunderassen sind betroffen.

Was können Sie tun?

➤ Zur Diagnosestellung der genannten Erkrankungen sind Röntgenaufnahmen erforderlich. Da es hierbei auf eine korrekte Lagerung des Hundes ankommt, muss dieser meist narkotisiert werden.

➤ Für die Therapie dieser Erkrankungen gibt es verschiedene Operationsmöglichkeiten.

➤ Diese Operationen werden meist nur in Spezialkliniken durchgeführt.

Wachstumsstörungen äußern sich bei jungen Hunden durch wiederkehrende Lähmungen.

WIRBELSÄULENVERKNÖCHERUNG (SPONDYLOSE)

Was hat Ihr Hund?

➤ Schmerzen beim Aufstehen und Laufen
➤ Schleppender, schlurfender Gang
➤ Schmerzen beim Berühren des Rückens
➤ Der Hund will nicht mehr springen oder Treppen steigen.

Ursache

- Spondylosen sind Abnutzungserscheinungen der Wirbelsäule.
- Vor allem bei alten Hunden oder Leistungshunden bilden sich am Ende der Wirbelkörper kleine Knochenfortsätze, die aneinander reiben und zu Schmerzen führen.
- Diese Knochenfortsätze können auf Nerven drücken, die vom Rückenmark seitlich austreten, und dadurch die Schmerzen verursachen.
- Bei fortschreitender Erkrankung verwachsen diese Knochenfortsätze und führen dazu, dass die Wirbelsäule steif wird.
- Diese miteinander verwachsenen Knochenfortsätze können brechen und zu großen Schmerzen führen.
- Eine besondere Form der Wirbelsäulenverknöcherung ist das so genannte Cauda-equina-Syndrom. Hier ist der Wirbelsäulenbereich zwischen den letzten Lendenwirbeln und den Schwanzwirbeln betroffen.
- Veränderungen des Bandapparates der Wirbel und Bandscheibenverkalkungen können ebenfalls zu diesem Syndrom führen. Die Symptome sind die gleichen wie bei der Spondylose.

Was können Sie tun?

➤ Die Diagnose stellt der Tierarzt mittels Röntgenaufnahmen.
➤ Es werden Schmerzmittel und Bestrahlungen verordnet.
➤ Wärmebehandlung mit Rotlicht oder mit Heizkissen zur Muskelentkrampfung ist in vielen Fällen zusätzlich hilfreich.
➤ Spondylosen werden nicht operiert, da man die Tendenz der Wirbel, Knochenfortsätze zu bilden, nicht unterbinden kann.
➤ Zur Vorbeugung extreme Belastungen vermeiden
➤ In Deutschland gibt es ein Rehabilitations- und Physiotherapiezentrum (Adresse, Seite 126) für Tiere, in dem solche Patienten mit Massagen, Wassertherapie und Ähnlichem behandelt werden.
➤ Das Cauda-equina-Syndrom kann operativ behoben werden. Die Hunde sollten möglichst früh operiert werden, um Schäden im Nervensystem, die bei Fortschreiten der Erkrankung auftreten, zu verhindern.

Diese Hunde haben keine Wirbelsäulenprobleme.

Organ- und Skelett-
system

Das Organsystem
Das Organsystem des Hundes weist einige Abweichungen gegenüber dem Menschen auf.
➤ Die Hundemilz ist nicht nur Blutbildungs-, sondern auch Blutspeicherorgan. Aus der Milz kann bei plötzlicher körperlicher Anstrengung das gespeicherte Blut dem Kreislauf zur Verfügung gestellt werden.
➤ Anal- und Perianaldrüsen, die den Hunden zur innerartlichen Verständigung dienen, fehlen den Menschen. Die Analdrüsen sind paarig angelegte Drüsen, deren Ausführungsgänge in den Endbereich des Darms münden. Beim Kotabsatz markiert der Hund seinen Kot mit dem Sekret dieser Drüsen und verleiht ihm sein persönliches Parfüm. Dies erklärt auch, warum Hunde bei der Begrüßung den After anderer Hunde beschnuppern. Die Perianaldrüsen sind viele kleine Drüsen, die rund um den After angeordnet sind. Sie haben denselben

Zweck wie die Analdrüsen, nämlich Geruchserkennung der einzelnen Hundeindividuen untereinander.
➤ Hunde sind im Gegensatz zum Menschen viel schlechter in der Lage zu schwitzen. Die Hundehaut ist nur mit sehr wenigen Schweißdrüsen ausgestattet, sichtbare Schweißabsonderung ist beim Hund lediglich an den Zehenballen möglich. Erhöhte Körpertemperatur können Hunde nur durch Hecheln senken.
➤ An jedem Haarschaft des Hundefells befindet sich eine Talgdrüse, deren Aufgabe es ist, die Haut und die Haare einzufetten und so den Körper vor Witterungseinflüssen und Austrocknung zu schützen. Der pH-Wert der Hundehaut ist höher als beim Menschen, das bedeutet, dass der Säureschutzmantel der Hundehaut wesentlich niedriger ist als der der Menschenhaut. Deshalb können sich bakterielle und pilzbedingte Infektionen auf der Hundehaut besser ausbreiten. Und deshalb sollte der Hund nur mit Hundeshampoo, nicht mit dem Shampoo des Hundehalters, gewaschen werden.

Organsystem des Rüden

1 Rachen
2 Zunge
3 Luftröhre
4 Herz
5 Leber
6 Milz
7 Dünndarm
8 Penis
9 Hoden
10 Samenleiter
11 Enddarm
12 Blase
13 Harnleiter
14 Nieren
15 Magen
16 Lunge
17 Speiseröhre
18 Kehlkopf

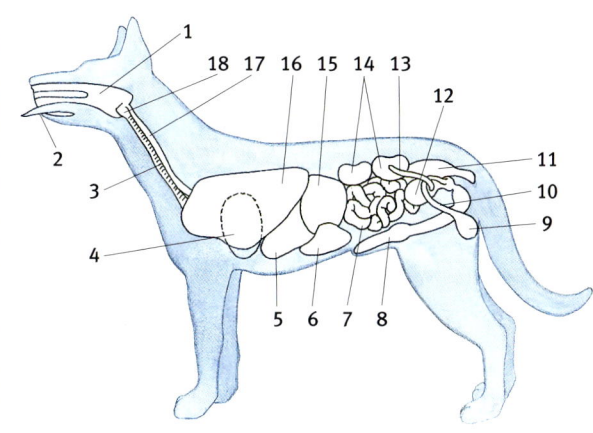

Organsystem der Hündin

1 Rachen
2 Zunge
3 Luftröhre
4 Herz
5 Leber
6 Milz
7 Gebärmutter
8 Dünndarm
9 Scheide
10 Enddarm
11 Blase
12 Nieren
13 Magen
14 Lunge
15 Speiseröhre
16 Kehlkopf

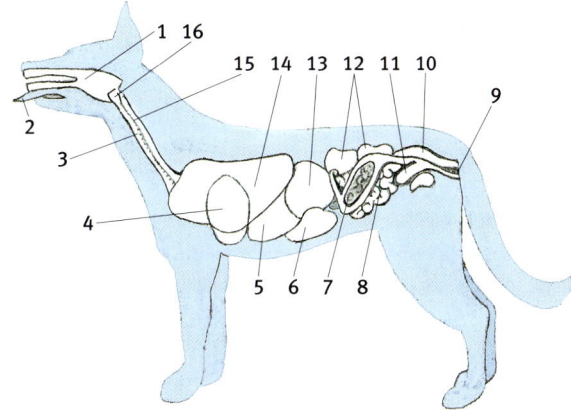

Krankheiten des Hundes

1 Schädel
2 Oberkiefer
3 Unterkiefer
4 Halswirbelsäule
5 Schulterblatt
6 Schultergelenk
7 Oberarm
8 Ellbogengelenk
9 Unterarm mit Elle und Speiche
10 Mittelhand
11 Handwurzelgelenk
12 Brustkorb
13 Kniegelenk
14 Zehen
15 Mittelfuß
16 Sprunggelenk mit Ferse
17 Unterschenkel mit Schien-
   und Wadenbein
18 Oberschenkel
19 Schwanzwirbelsäule
20 Hüftgelenk
21 Becken
22 Wirbelsäule

Skelett des Hundes

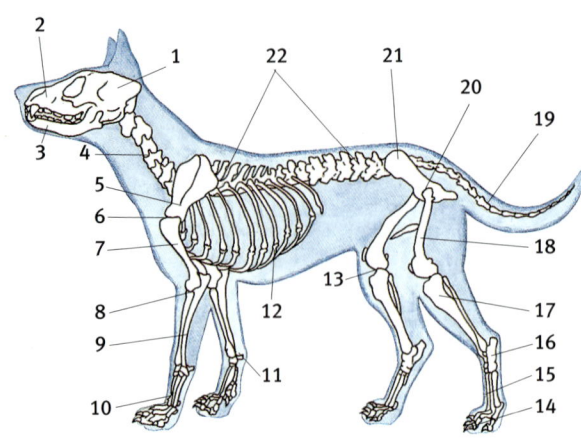

Das Skelettsystem

Auch das Skelettsystem des Hundes weist zum menschlichen Skelett einige Besonderheiten auf.

➤ Im Hundeskelett fallen 20 bis 23 Schwanzwirbel auf. Obwohl das Kupieren der Schwänze in Deutschland verboten ist, wird man immer wieder Hunde mit Stummelschwanz oder ohne Schwanz finden. Das liegt daran, dass es bei einigen Rassen den so genannten »natural bob« gibt. Dies sind Tiere, die erblich bedingt eine verringerte Anzahl an Schwanzwirbeln aufweisen und dies auch an ihre Nachkommen weitergeben (zum Beispiel Australian Shepherd).

➤ Hunde haben kein Schlüsselbein.

➤ Hunde sind Zehengänger und nicht wie der Mensch Sohlengänger. Vier Zehen sind bei Hunden regelmäßig ausgebildet. Der »Daumen« oder die Afterkralle ist zurückgebildet und hat keinen Bodenkontakt beim Laufen. Bei vielen Hunderassen ist die Afterkralle gar nicht vorhanden, bei anderen wiederum gehören zwei Afterkrallen am Hinterfuß zum Rassestandard (beispielsweise Briard oder Beauceron).

➤ Der Penis bei Rüden enthält einen Penisknochen. Zu beiden Seiten des Penis befinden sich 2 Schwellkörper, die bei sexueller Erregung stark anschwellen können und manchmal Anlass zu Besorgnis bei Hundehaltern

Gebiss des Hundes

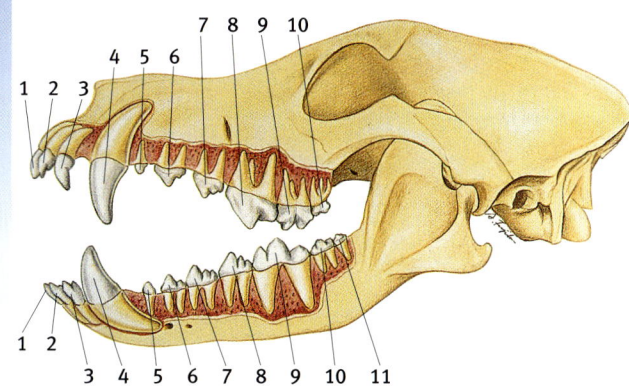

1	
2	Schneidezahn
3	
4	Eckzahn
5	
6	
7	Vorderer Backenzahn
8	
9	
10	Hinter Backenzahn
11	

geben können. Das so genannte Hängenbleiben beim Deckakt ist auf ein Anschwellen dieser Schwellkörper während der Bedeckung zurückzuführen. Ebenso kann die Eichel des Hundes stark anschwellen, da sie sehr dehnbar ist und sich mit viel Blut füllen kann.

Keinesfalls kann eine Befruchtung bei ungewollter Bedeckung durch das gewaltsame Trennen der beiden »hängenden« Partner unterbunden werden. Dies führt nur zu Verletzungen beim Rüden und bei der Hündin.

Das Gebiss

➤ Das Hundegebiss besteht aus 42 Zähnen. Die Eckzähne sind wesentlich länger als die des Menschen und dienen dem Wolf dazu, seine Beute festzuhalten. Sie werden auch als Fangzähne bezeichnet. Die Reißzähne, der vierte vordere Backenzahn beiderseitig im Oberkiefer und der erste hintere Backenzahn beiderseitig im Unterkiefer bilden die so genannte Brechschere. Sie wird zum Zerkleinern und Zerreißen der Beute gebraucht. Da die oberen Reißzähne im Lauf des Lebens großen Belastungen ausgesetzt sind – auch Stöckchen und Steine werden mit ihnen zerkaut – kommt es bei diesen Zähnen häufig zu Brüchen und daraus resultierenden Infektionen des Oberkiefers.

➤ Hunde wechseln ihr Gebiss wie der Mensch. Das Milchgebiss des Hundes besteht aus 28 Zähnen. Sie werden etwa im Alter von 7 Monaten durch die bleibenden Zähne ersetzt.

Sach- und Beschwerdenregister

Halbfett gedruckte Seitenzahlen verweisen auf Abbildungen.

A

Abmagerung 54, 58, 66, 67, 81, 82, 86, 92
Abwehrtee 31
Addison-Syndrom 54
Afterkralle 18, 118
Aggression **16**
Aggressivität 61, 65
Agility 23
Akupunktur 30, **30**
Allergien 46, 47
Allgemeinuntersuchung 36
Allgemeinzustand 10
Alternativmedizin 29
Analdrüsen 116
Analdrüsenabszess 83
Analdrüsentumoren 83
Analdrüsenverstopfung 83
Anämie 53
Apathie 81
Appetit, schlechter 54
 - übermäßiger 81
 - vermehrter 56
Appetitlosigkeit 53, 77, 81, 84, 85, 86, 87, 92, 103, 104
Apportierholz 23
Arthritis 109
Arthrose 109
Atembeschwerden 64, 66, 95
Atemfrequenz 10, 37
Atemnot 53, 67, 68, 89, 93, 94, 95, 96, 97
Atemstillstand 60
Atmung, angestrengte 94, 97
 - röchelnde 77

Atopische Dermatitis 47
Auge, gerötetes 73
 - trübes 72, 73
Augenentzündung 64, 94
Augenlider 72
Augenrollen 60, 79
Augentropfen eingeben 40, **40**
Aujeszkysche Krankheit 61
Ausfluss aus Augen 58, 59, 71
 - Nase 58, 59, 77, 94
 - Ohr 78
 - Penis 107
 - Scheide 99, 101, 103, 104

B

Babesiose 51, 57
Bach-Blüten 30
Baden 18
Bandscheibenvorfall 110
Bandwürmer 66
Bauch, birnenförmiger 82
 - dicker 54, 58, 82, 86, 88, 89
 - harter 85
Bauchfellentzündung 81
Bauchspeicheldrüse, Unterfunktion 82
Bauchwassersucht 82
Bedeckung 119
Belecken an After 83
 - Scheide 101
 - Scham 101
 - Vorhaut 106, 107
Bewegung **22**, 23, **23**
Bewusstlosigkeit 68, 69
Bewusstseinsstörungen 59, 61, 62
Bindehautentzündung 70, 71
Bisse 68
Blähungen 67
Bläschen auf Haut 48
Blasenentzündung 90
Blasensteine 90

Blutkrebs 53
Blutohr 78
Blutung 68
 - am Zahnfleisch 60
 - aus Mund 76
 - aus Vorhaut 107
Borreliose 51, 61, 113
Brechschere 119
Breitensport 23
Bronchitis 93
Brusthöhle, Verletzungen der 96
Brustlage 94, 95
Bürsten 18, **34**, 35

C

Cauda-equina-Syndrom 115
Cheyletiellen 51
Cushing-Syndrom 54, 81

D

Dackellähme 110
Darmverdrehung 85
Darmverschluss 85
Deckakt 14, 119
Demodexräude 52
Desinfektionslösung 32
Diabetes insipidus 55
Diabetes mellitus 81
Diät bei Durchfall 84
 - Lebererkrankungen 86
Diätfutter 25
Doppelwimpern 72
Druckverband 42
Dummy 23
Durchfall 54, 57, 60, 62, 63, 64, 67, 80, 82, 84, 86, 87
 - blutiger 63
 - gelblicher 82
 - schleimiger 63
 - schmieriger 82
Durchfalltee 31

Durst vermehrt 54, 55, 56, 62, 81, 90, 92, 99, 103

E

Ehrlichiose 51, 58
Einfrüchtigkeit 103
Eingeweidebrüche 87
Einhodigkeit 104
Ektropium 72
Ekzeme 47, 51, 52, 60
Endokard 97
Entropium 72
Entwurmung 20
Epilepsie 59
Epuliden 76
Erbrechen 54, 60, 63, 64, 81, 84, 85, 87, 88, 92
 - von Futter 77
 - von Schaum 66, 77, 88
 - von Schleim 77
 - von Würmern 67
Ermüdbarkeit 97
Ernährung 24

F

Fangzähne 119
Fell, schütteres 49
 - struppiges 66
 - stumpfes 51, 56
Fellpflege 35
Fertigfutter 25
Fibrosarkome 76
Fieber 48, 53, 57, 59, 60, 61, 62, 63, 64, 66, 68, 77, 81, 84, 86, 87, 90, 93, 94, 95, 97, 100, 103, 104, 105, 109, 113
Fieber messen **36**
Fieberschübe 58
Fitnessbrei 31
Fitnessplaner 22
Flöhe 50
Flohfinnenbandwurm 66

Fortpflanzung 14
Fremdkörper in Mundhöhle 74
Frostschutzmittel 60
Frühsommer-Meningoenzephalitis 51, 62
FSME 51, 62
Fuchsbandwurm 66
Futter selbst kochen 25
Futterball 35
Futterbestandteile 24
Futterinhaltsstoffe 24
Futtermittelallergie 47
Futterwürfel 35
Fütterzeiten 25

G

Gang schwankend 59, 60, 64, 65, 79, 110
Gastritis 87
Gebärmutter 116
Gebärmutterentzündung 99, 104
Gebärmutterverdrehung 103
Gebiss 119, **119**
Geburt 15
Geburtsprobleme 103, 104
Gehörgangsentzündung **78**
Gelenke geschwollen 61, 109, 111, 113
Gelenkverletzungen 111
Geriatrisches Vestibularsyndrom 79
Gerstenkorn 72
Gesäugeentzündung 100
Gesäuge geschwollen 100, 102
Gesäuge, Knötchen in 100
Gesäugetumoren 98, 100
Geschwüre am After 83
Geschwüre in Mundhöhle 92
Gesundheitscheck **20**
Gewicht 36
Gewichtsverlust 56

Gewichtszunahme 56
Giardiose 57
Gleichgewichtsstörungen 79
Grand-mal-Anfall 59
Grauer Star 72
Grüner Star 73
Grünholzfraktur 111

H

Haarausfall 47, 48, 49, 50, 52, 54, 56, 58, 60
Haarlinge 51
Haarspangen 34
Hakenwürmer 67
Halskrause **96**
Hämometra 99
Harnabsatz, gestörter 55, 90, 91, 107, 110
    unkontrollierter 59
  - vermehrter 55, 81, 92
  - verminderter 92
Harndrang 90
Harngrieß 90
Harnträufeln 91
Harnwegssteine 90
Haut 116
  - dunkle 49
  - gerötete 47, 50
  - trockene 49
Hautentzündungen 50, 52, 54
Hauterkrankungen, bakterielle 47
  - gestörtes Immunsystem 48
  - innere Organe 49
Hautparasiten 46
Hautpilze 50
Hauttumoren 49
Hecheln 61, 68, 88, 103, 116
Hepatitis 86
Herbstgrasmilben 51
Hernien 87
Herpesvirus 61

Herzentzündung 97
Herzfunktionsstörung 97
Herzklappenfehler 97
Herzklappenprobleme 80
Herzschlag, verlangsamter 60
Herzwürmer 67
Hirnstamm-Audiometrie 79
Hitzschlag 46, 68
Hoden, geschwollener 105
  - harter 105
  - schmerzhafter 105
  - ungleich großer 105
Hodenentzündung 105
Hodenhochstand 104
Hodentumoren 49, 105
Homöopathie 30
Hornhautentzündung 73
Hornhautgeschwür 73
Hüftgelenksdysplasie 108, 114
Hundefrisbee 23
Hundekleidung 34
Hundeschuhe 34, **34**
Hundetripper 107
Hundezubehör 34
Hündin säugend **14, 99**
Husten 60, 66, 67, 77, 93, 94, 95, 96, 97

I

Impfplan 21
Inhalationsallergie 47

J

Juckreiz 47, 48, 49, 50, **50,** 51, **52,** 52, 61
  - am After 66, 83

K

Kämme **34,** 35
Kastration 16, 17

  - in der Rechtsprechung 17
Katzenseuche 63
Kennzeichnung 11
Keratitis 73
Keuchen 93
Kniescheibenluxation 112
Knochenbruch 111, 113
Knochentumoren 113
Knochenverdickung 113
Knoten in der Haut 49
Kokzidiose 57
Kollaps 53
Koma 60, 62
Kontaktallergie 47
Kopf schief halten 79
Kopfschütteln 78
Koprostase 85
Körpertemperatur 10, 37
Kot, schleimiger 84, 85
Kotabsatz, gestörter 85, 106, 110
  - unkontrollierter 59
Krallen kürzen 18, **18**
Krämpfe 59, 60, 61, 62, 64, 69
Kreislaufschwäche 54
Kreuzbandriss 112
Krusten 47, 48, 51, 52
Kryptorchismus 104
Kupieren 118

L

Lahmheit 58, 59, 61, 111, 112, 113
Lahmheiten, wechselnde 109
  - wiederkehrende 109, 114
Läufigkeit 14, 101
Läuse 51
Leberentzündung 86
Leberfibrose 86
Leberschondiät 86
Lebertumoren 86
Leberverfettung 86
Leberzirrhose 86

Zum Nachschlagen

Leckekzem 113
Leishmaniose 49, 58
Leistungsschwäche 67
Leptospirose 62
Leukämie 53
Leukose 53
Lichtscheu 71, 73
Lidränder 71
Luftröhrenentzündung 77
Lungenentzündung 94
Lungenödem 94
Lungentumoren 95
Lymphknoten, geschwollene 48, 53, 58, 59

M

Magendrehung 88
Magengeschwür 89
Magenschleimhautentzündung 87
Magentumoren 89
Markieren 98, **106**
Mastitis 100
Mattigkeit 54, 57, 58, 62, 63, 92, 93, 94, 97, 99, 104, 105, 113
Medikamente eingeben 40
Medikamente, Wirkungsweise 29
Mikrochip 11
Milben 52
Milchfluss 102
Milchgebiss 119
Milchmangel 104
Milchstau 100
Milz 116
Milzdrehung 89
Milzriss 89
Milztumoren 89
Mittelohrentzündung 79
Mucometra 99
Müdigkeit 53, 56, 60
Mundgeruch 75, 76, 92

Mundhöhle 37
- Fremdkörper 74, **75**
Myokard 97

N

Nabelbruch 80, 87
Nachgeburt 15, 104
Nährstoffklassen 24
Nasenschleimhautentzündung 77
Natural bob 118
Nebennierenrinde, Tumor 54
- Überfunktion 49
- Unterfunktion 54
Nekrose 114
Nervosität 56
Nickhautentzündung 71
Nierenversagen 80, 92
Niesen 77
Normalwerte 10

O

Oberschenkelkopfnekrose 114
Ohrenentzündung 47, 64
Ohrenpflege 19, **19**
Ohrentropfen eingeben 40, **40**
Ohrenverband 43, **43, 77**
Operationen, Verhalten vor und nach 39
Organsystem 116, **117**
Osteochondrosis dissecans 114
Othämatom 78

P

Paarung 14
Pankreasinsuffizienz, exokrine 82
Papillome 76

Parasitenprophylaxe 21
Parvovirose 63
Peitschenwürmer 67
Penisknochen 118
Penistumor 107
Penisverletzung 107
Perianaldrüsen 116
Perianalfisteln 83
Perianaltumoren 83
Perikard 97
Perinealhernie 87
Petit-mal-Anfall 59
Pflanzenschutzmittel 60
Pflegemaßnahmen 18
Pfotenverband 42
Physiotherapie 30
Plattenepithelkarzinom 76
Prellung 111
Processus anconaeus 114
Processus coronoideus 114
Prostataabszess 106
Prostatatumoren 106
Prostatavergrößerung 106
Prostatazysten 106
Puls 10, 37
- schneller 88, 89, 96
- schwacher 88, 89, 96
Puls fühlen **36**
Pupille geweitet 60, 68
- starr 73
Pusteln 47
- auf der Haut 48, 50, 64
- eitrig 47, 51
Pyometra 99

Q

Querschnittslähmung 110

R

Rachenentzündung 77
Rangordnung 22
Rattengift 60

Räude 52
Registrierung 11
Reiben an Auge 71, 73
- Ohr 78
- Schnauze 74
Reiseapotheke 33
Reißzahn 119
Rheuma 109, 113
Rickettsien 58
Rippenfellentzündung 95
Risse 68
Rohasche 24
Rohfaser 24
Rohfett 24
Rohprotein 24
Rohwasser 24
Rotlichtlampe 35
Rücken, aufgekrümmter 81, 110

S

Salben 29
Salmonellose 63
Sarkoptesräude 52
Säuren 60
Säureschutzmantel 118
Schädlingsbekämpfungsmittel 60
Scheide, geschwollene 101
Scheidenentzündung 101
Scheidentumor 101
Scheidenvorfall 101
Scheinträchtigkeit 11, 14, 102, **102**
Schielen 79
Schienenverband 42, **42**
Schilddrüse, Überfunktion 56
- Unterfunktion 49, 56
Schläfrigkeit 64
Schlaftabletten 60
Schlaganfall 79
Schleimhäute, blasse 53, 68, 89, 96

- bläuliche 60, 67, 94, 97
- blutende 60
- gelbliche 53, 57, 62, 86
- mit roten Pünktchen 60
- porzellanfarbene 53
- weiße 57
Schleimhautkontrolle **36**, 37
Schlittenfahren 83
Schluckstörung 64, 74, 76
Schlüsselbein 118
Schmerzen 11, 68, 96, 97, 99, 103, 111
- am After 83
- am Auge 73
- am Bauch 63, 81, 84, 85, 86, 87, 89, 99, 103, 104
- am Gesäuge 100
- am Knochen 113
- an der Hinterhand 99
- bei Berührung 109, 111, 115
- bei Bewegung 109, 110
- beim Aufstehen 115
- beim Laufen 115
- beim Wasserlassen 90
- im Brustkorb 96, 97
- im Hoden 105
Schnarchen 77
Schnauze zubinden 38
Schnauzverband **38**
Schniefen 77
Schulmedizin 28
Schuppen 47, 50, 51, 52
Schwäche 57, 88
Schwanzwirbel 118
Schwellungen 68
- am After 83
- des Ohrlappens 78
- unter dem Auge 75
Schwerhörigkeit 79
Schwitzen 116
Sehnenverletzung 111
Short ulna 114
Skelettsystem 118, **118**

Speicheldrüsenzysten 76
Speichelfluss 59, 60, 61, 62, 64, 65, 66, 69, 74, 76
Spielen **10, 11,** 23
Spielseile 35
Spieltaue 35
Spondylose 115
Spot-on-Präparate 29
Spulwürmer 67
Staupe 49, 64
Sterilisation 16
Stiche 68
Störung, hormonelle 11
Stromschlag 69
Stuhl, schwarzer 89

T
Tabletten 29
- eingeben 40, **40**
Talgdrüsen 72, 116
Tätowierung 11
Taubheit 79
Taumeln 54, 62
Tetanus 64
Tierapotheke 32, **33**
Tierarztbesuch 20
Tollwut 65
Toxoplasmose 59
Tracheobronchitis 93
Trächtigkeit 14
Tragbox **33**
Tragen, verletzten Hund 39
Tränenfluss 71, 73
Trinken **55**
- viel 92
Trockenspiritus 60
Trockensubstanz 24
Tröpfcheninfektion 66
Tropfen 29
- eingeben 40, 40, **76**

U
Unfall **28**

Unruhe 61, 96
- nächtliche 94, 95, 97
Untersuchung zu Hause 13, 36
Unterwürfigkeitsgeste 91
Urin, blutiger 60, 90, 92
- brauner 57
- dunkler 86
- roter 57

V
Verätzungen 60
Verbände 42
Verbrennungen 69
Verdickung am Zahnfleisch 75
- am Hals 76
- an der Zunge 76
Verfettung **16,** 17
Vergiftungen 60
Verhaltensänderungen 10, 12, 102
Verhornung am Nasenspiegel 64
Verrenkung 111
Verstauchung 111
Verstopfung 85
Vorhautentzündung 107
Vorhauttumor 107
Vorhautverletzung 107
Vorwölbungen am Auge 71, 73
- am Bauchnabel 87
- an der Flanke 87
- neben dem After 87

W
Wachstumshormonmangel 49, 55
Wachstumsstörungen 108, 114
Warzen am Lidrand 72

Wasserstoffperoxid 32
Wehenschwäche 103
Welpenaufzucht 15
Wirbelsäulenverknöcherung 115
Wundsalbe 31, 32, 41
Wundstarrkrampf 64
Würgen 66, 74, 77, 93, 94
Wurmbefall 46

Z
Zahnbelag 75
Zahnbruch 75
Zähne putzen 18, 80
Zahnfehlstellung 74
Zahnfisteln 75
Zahnfleischentzündung 75
Zahnfleischtumoren 76
Zahnspange **28**
Zahnstein 75
Zahnwechselstörungen 35, 70, 74
Zäpfchen 29
Zecken 51, **51,** 61
Zehengänger 118
Zehentumoren 113
Zittern 56, 60, 69
Zuckerkrankheit 54, 81
Zunge, blaue 96
Zwerchfell 96
Zwerchfellriss 96
Zwingerhusten 66
Zystenniere 92

Glossar

Abszess: Eiteransammlung in einem abgeschlossenen Hohlraum. Dieser ist meist durch Zerstörung des Gewebes, ausgelöst von Bakterien, entstanden.

Afterkralle: Reduzierte Zehe ohne Bodenkontakt; entspricht unserem Daumen.

Autoimmunkrankheit: Erkrankung des Immunsystems. Im Zuge dieser Erkrankung fängt das Immunsystem an, Antikörper gegen körpereigene Zellen (z. B. rote oder weiße Blutkörperchen, Hautzellen, Nierenzellen etc.) zu bilden. Dies führt zu massiven Entzündungen und Funktionsstörungen der betroffenen Organe oder Zellen.

Cold Packs: Weiche Kissen in verschiedenen Größen, die in der Apotheke erhältlich sind. Man kann sie im Kühlschrank aufbewahren und als Eisbeutel zur Kühlung verwenden. Sie sind nicht starr wie Eis und lassen sich wieder verwenden.

Collie Nose: Eine durch eine Störung des Immunsystems bedingte hochgradige Entzündung der Haut, vornehmlich auf dem Nasenrücken. Sie kommt bei Collies besonders häufig vor.

Endoskop: Optisches Gerät, um Organe im Inneren des Körpers anschauen und Gewebeproben entnehmen zu können. Meist ein starres oder flexibles Rohr mit Lichtquelle.

Enzephalitis: Gehirnentzündung.

Flexus®-Binde: Produktbezeichnung für eine elastische, selbsthaftende Binde, wie sie vom Tierarzt verwendet wird.

Hüftgelenksdysplasie (HD): Verformung des Hüftgelenks, die weitervererbt wird. Die betroffenen Hunde sollten deshalb nicht zur Zucht verwendet werden.

Hyposensibilisierung: Heißt auch Desensibilisierung. Bewirkt eine verminderte allergische Reaktionsbereitschaft der in einem allergisch reagierenden Organismus vorhandenen Antikörper.

Konditionieren: Begriff aus der Verhaltensforschung. Einfacher Lernprozess, bei dem eine Handlung (etwa Speichelfluss) mit einem Reiz (gefüllter Futternapf) verknüpft wird.

Lupus (lat. Wolf): Hauterkrankung, die durch Störungen des Immunsystems hervorgerufen wird. Das Aussehen der Hautveränderungen kann variieren.

Metastasen: Tochtergeschwülste von Tumoren, die an anderen Stellen im Körper entstehen; über die Blut- oder Lymphbahnen werden die Tumorzellen verteilt.

Mullkompressen: Fusselfreie, meist quadratische Baumwollabschnitte zur Wundabdeckung. Sie sind einzeln steril verpackt in verschiedenen Größen in der Apotheke erhältlich.

Nachgeburt: Umfasst Mutterkuchen, Eihüllen, Nabelschnurreste sowie Anteile der Gebärmutterschleimhaut. Die Nachgeburt wird mit dem Welpen während der Geburt ausgestoßen. Die Hündin frisst die Nachgeburt; die enthaltenen Hormone bewirken einen zügigen Geburtsverlauf.

Peha haft®: Produktbezeichnung für eine elastische, selbsthaftende Binde, wie sie vom Tierarzt verwendet wird.

Pemphigus: Auch Blasensucht genannte Hauterkrankung, die durch Störungen des Immunsystems hervorgerufen wird. Führt zu Bläschenbildung auf der Haut.

Pheromone: Duftstoffe, die von Tieren ausgeschieden werden und in den Beziehungen der Geschlechter eine große Rolle spielen. Von läufigen Hündinnen ausgeschiedene Pheromone können von Rüden über viele hundert Meter wahrgenommen werden.

Puls: Druckwelle in Blutgefäßen, die vom Herz in den Körper führen (Arterien).

Reflexe: Von außen auslösbare, nicht dem Willen unterworfene Muskelbewegungen. Beispiele: Der Arzt klopft mit einem Hammer auf das Knie und das Bein schwingt nach oben (so genannter Kniescheibenreflex). Oder wenn eine Fliege ins Auge fliegt, kneift man sofort die Lider zusammen (Lidreflex).

Rote Blutkörperchen (Erythrozyten): Sie werden im Knochenmark gebildet und in die Blutgefäße abgegeben. Ihre durchschnittliche Lebensdauer beträgt 4 Monate, das Knochenmark muss also ständig neue Erythrozyten produzieren. Ihre Hauptaufgabe ist der Transport von Sauerstoff.

Spot-on-Präparat: Dies ist ein Medikament, welches den Wirkstoff in flüssiger Form enthält und auf die Haut im Nacken aufgetropft wird. Das Fell wird gescheitelt, das Medikament aufgetropft und gelangt dann durch die Haut in den Körper.

Vetrap®-Binde: Produktbezeichnung für eine elastische, selbsthaftende Binde, wie sie vom Tierarzt verwendet wird.

Wasserstoffperoxid: Flüssigkeit mit der chemischen Formel H_2O_2, wird auch Wasserstoffsuperoxid genannt. Dient zur Raumluftdesinfektion und Wundreinigung.

Weiße Blutkörperchen (Leukozyten): Sie werden im Knochenmark, in den Lymphknoten und in der Milz gebildet. Sie dienen der Abwehr von Infektionen, fressen Zelltrümmer auf und geben Enzyme ab.

Adressen

Dachverbände

➤ Fédération Cynologique Internationale (FCI),
13 Place Albert I,
B-6530 Thuin/Belgien.
➤ Verband für das Deutsche Hundewesen e.V. (VDH),
Postfach 10 41 54,
D-44041 Dortmund.
➤ Schweizerische Kynologische Gesellschaft (SKG/SCS),
Länggaßstr. 8,
CH-3001 Bern.
➤ Österreichischer Kynologenverband (ÖKV),
Johann-Teufel-Gasse 8,
A-1230 Wien.

Bei allen Adressen gibt es Informationen über Hundevereine, Züchter, Kurse und Ausstellungen.

Fragen zur Hundehaltung

beantworten Ihr Zoofachhändler und der Zentralverband Zoologischer Fachbetriebe Deutschlands e.V.,
D-63225 Langen, Tel. 06103/910732 (nur telefonische Auskunft möglich).

Haftpflichtversicherung
Bei fast allen Gesellschaften auch für Hunde erhältlich.

Krankenversicherung
➤ Uelzener Allgemeine Versicherungsgesellschaft AG,
Postfach 2163,
D-29511 Uelzen.
➤ AGILA Haustier-Krankenversicherung AG,
Breite Str. 6–8,
D-30159 Hannover.

Registrierung von Hunden
➤ Haustier-Zentralregister für die BRD e.V. (TASSO),
Postfach 14 23,
D-65783 Hattersheim,
Tel.: 06190/932214,
E-Mail: tasso@tiernotruf.org,
Internet: www.tiernotruf.de.
➤ IFTA Internationale Zentrale für Tierregistrierung,
Weiherstr. 8, D-88145 Hergatz,
Tel.: 0180/5213402.
➤ Deutsches Haustierregister,
Baumschulallee 15,
D-53115 Bonn,
Tel.: 0228/60496-0.
Wer seinen Hund vor Tierfängern und dem Tod im Versuchslabor schützen will, kann ihn hier registrieren lassen.

24-Stunden-Hilfe bei Vergiftung
➤ Giftinformationszentrum Nord, Universität Göttingen,
Robert-Koch-Str. 40,
D-37075 Göttingen,
Tel.: 0551/19240.
➤ Giftnotruf München,
Med. Klinik Rechts der Isar,
Ismaninger Str. 22,
D-81675 München,
Tel.: 089/19240.

Physiotherapie für Haustiere
Vierbeiner-Reha-Zentrum GmbH unter tierärztlicher Leitung,
Dr.-Marc-Str. 4,
D-34537 Bad Wildungen,
Tel.: 05621/802880,
E-Mail: reha@t-online.de,
Internet: www.vierbeiner-reha.de.

Zeitschriften und Broschüren

➤ Der Hund. Deutscher Bauernverlag GmbH, Wilmsaue 36,
D-10713 Berlin.
➤ Partner Hund. Gong Verlag,
Nordendstr. 64, D-80801 München.
➤ Unser Rassehund. Herausgeben vom Verband für das Deutsche Hundewesen e.V.,
Postfach 10 41 54, D-44041 Dortmund.

Bücher

Aldington, E., Sieber, I.: Hundezucht naturgemäß. Gollwitzer Verlag, Weiden.
Jung, H.: Hundekrankheiten von A–Z. Naturbuch Verlag, Augsburg.
Niemand, H., Suter, P.: Praktikum der Hundeklinik. Parey Buchverlag, Berlin.
Straiton, E.: Hundekrankheiten. BLV Verlagsgesellschaft, München.

(alle anderen Titel: Gräfe und Unzer Verlag, München)
Ludwig, G.: Mein Hund macht, was er will.
Ludwig, G.: Mit dem Hund spielen und trainieren.
Schlegl-Kofler, K.: Hundeschule für jeden Tag.
Schlegl-Kofler, K., Wegler, M.: Der Hund.
Stein, P.: Naturheilpraxis Hunde.
Waniorek, L.: Wenn mein Hund älter wird.
Waniorek, L.: Fitnessplaner für den Hund.
Warrlich, A.: Erste Hilfe für meinen Hund.
Wegler, M.: Hunde.

GU TIERMEDIZIN

damit Ihr Heimtier sich wohl fühlt

ISBN 3-7742-1606-1
96 Seiten

ISBN 3-7742-1667-3
128 Seiten

ISBN 3-7742-5090-1
128 Seiten

ISBN 3-7742-5091-X
128 Seiten

Damit es Ihrem Heimtier richtig gut geht: das Wichtigste zur Haltung und Pflege Ihrer Lieblinge. Maßnahmen und Handgriffe direkt aus der Tierarztpraxis.

WEITERE LIEFERBARE TITEL:

➤ **In der Reihe GU TIERRATGEBER:**
Unser Welpe, Wenn mein Hund älter wird,
Unser Kätzchen, Wenn meine Katze älter wird

➤ **In der Reihe MEIN HEIMTIER:**
Der Hund, Die Katze

➤ **In der Reihe TIERE ERLEBEN:**
Hundeschule für jeden Tag

Gutgemacht. Gutgelaunt.

Das Original mit Garantie

Ihre Meinung ist uns wichtig. Deshalb möchten wir Ihre Kritik, gerne aber auch Ihr Lob erfahren. Um als führender Ratgeberverlag für Sie noch besser zu werden. Darum: Schreiben Sie uns! Wir freuen uns auf Ihre Post und wünschen Ihnen viel Spaß mit Ihrem GU-Ratgeber.

Unsere Garantie: Sollte ein GU-Ratgeber einmal einen Fehler enthalten, schicken Sie uns bitte das Buch mit einem kleinen Hinweis und der Quittung innerhalb von sechs Monaten nach dem Kauf zurück. Wir tauschen Ihnen den GU-Ratgeber gegen einen anderen zum gleichen oder ähnlichen Thema um.

Ihr Gräfe und Unzer Verlag
Redaktion Natur
Postfach 86 03 25
81630 München
Fax: 089/41981-113
e-mail:
leserservice@graefe-und-unzer.de

www.gu-tierclub.de

Besuchen Sie uns im Internet.

Die Autorin

Dr. Anne Warrlich ist Tierärztin und hält neben ihrer Tierarztpraxis Vorträge und Seminare zum Thema Erste Hilfe für Hunde. Sie schrieb für GU den Titel »Erste Hilfe für meinen Hund«. Außerdem schreibt sie regelmäßig für verschiedene tierärztliche Fachzeitschriften und die Tagespresse.

Die Fotografen

Animal Photography/Thompson, S. A.: Seite 14, 75, 114; Cogis/Francais: Seite 19, 25, 33 li., 44/45, 80, 116; Cogis/Gauzargue: Seite 46, 88; Cogis/Gissey: Seite 110; Cogis/Hermeline: Seite 36 u.; Cogis/Labat: Seite 2, 40 mi., 70; Cogis/Lanceau: Seite 12; Fahrenkrug: Seite 28 re., 119; Juniors/Brinkmann: Seite 112; Juniors/Gehlhar: Seite 30; Juniors/Kolmikow: Seite 58; Juniors/Notaro: Seite 60; Juniors/Oechslein: Seite 23; Juniors/Schanz: Seite 34 li., 39, 51, 76, 91, 105, 115, U4 mi., u.; Juniors/Steimer: Seite 16 re.; Juniors/Wegler: Seite 11, 15, 18, 26/27, 34 re., 50, 67, 93, 102, 106, U4 o.; Juniors/Wegner: Seite 84; Krämer: Seite 28 li., 36 o.; Schanz: Seite 10, 22, 40 o., 52, 55, 57; Schmidbauer: Seite 65, 96, 98; Steimer: U1 o., u. (Gel-Kissen), Seite 1, 8/9, 16 li., 20, 33 re., 35, 36 mi., 38, 40 u., 42, 43, 71, 78, 99, 108; Studio Schmitz: U1 u. (Glasfläschchen).

Fotos auf dem Buchumschlag

Umschlagvorderseite: Untersuchung beim Tierarzt.
Umschlagrückseite: Mit der Futterschüssel auf und davon (oben), kranker Hund auf seinem Lager (Mitte), Verabreichung von Tropfen (unten).

Impressum

Redaktion: Sabine Schulz, Angelika Lang
Umschlaggestaltung: independent Medien-Design, München
Layout: Antje Blees, Henning Bornemann, München
Produktion: Ute Hausleiter
Satz: Johannes Kojer, München
Reproduktion: w&co MediaServices, München
Druck: Appl, Wemding
Printed in Germany

ISBN 3-7742-4791-9

Auflage	4.	3.	2.	1.
Jahr	04	03	02	2001

Wichtiger Hinweis

Die Ratschläge und Behandlungsmethoden in diesem GU Ratgeber beruhen auf langjährigen Erfahrungen der Autorin. Da jeder Fall individuell zu behandeln ist, kann nicht jede Aussage uneingeschränkt gültig sein. Das Buch erhebt trotz sorgfältiger und umfassender Darstellung keinen Anspruch auf Vollständigkeit. Bei Komplikationen ist deshalb unbedingt der Tierarzt aufzusuchen. Achten Sie bei allen Maßnahmen beim Hund auf ausreichende Hygiene. Sollten Sie dabei selbst verletzt werden, gehen Sie im Zweifelsfall zum Arzt.

WENN SIE FOLGENDE GEGENSTÄNDE IMMER GRIFFBEREIT ZU HAUSE HABEN, SIND SIE FÜR ALLE FÄLLE, NICHT NUR NOTFÄLLE, GUT GERÜSTET:

Tierapotheke (Seite 32)

➤ Mullkompressen
➤ Mullbinden, elastische Binden
➤ Selbsthaftende Binden (Vetrap®, Flexus®, Peha haft®)
➤ Klebeband
➤ Verbandswatte
➤ Verbandsschere
➤ Synthetische Polsterwatte
➤ Einprozentige Wasserstoffperoxidlösung zur Wunddesinfektion
➤ Wunddesinfektionsspray ohne Alkohol
➤ Wundsalbe
➤ Fieberthermometer, digital
➤ Pinzette mit abgerundeten Enden
➤ Hot Packs, Cold Packs (Seite 124)
➤ Maulkorb (in passender Größe)
➤ Zeckenzange
➤ Einmalhandschuhe
➤ Einmalspritzen (5 ml und 10 ml)

Pflegeartikel (Seite 18)

➤ Krallenzange
➤ Bürste für langhaarige Hunde
➤ Hundezahnbürste, -zahnpasta
➤ Spezieller Ohrreiniger (Zoofachhandel)
➤ Hundeshampoo

Hundezubehör (Seite 34)

➤ Haarspangen: für langhaarige Hunde, bei Augenproblemen
➤ Wärmende Jacke: für kurzhaarige Hunde, bei Rückenproblemen
➤ Hundeschuhe: als Nässeschutz für Verbände, Pfotenschutz bei Eis und Schnee
➤ Spieltaue oder -seile: für Hunde während des Zahnwechsels